康熙帝陵

历史之谜

徐鑫◎著

辽宁人民出版社

©徐 鑫 2016

图书在版编目（CIP）数据

康熙帝陵历史之谜 / 徐鑫著. —沈阳：辽宁人民
出版社，2016.1
ISBN 978-7-205-08433-2

Ⅰ.①康… Ⅱ.①徐… Ⅲ.①康熙帝（1654～1722）
—陵墓—研究 Ⅳ.①K928.76

中国版本图书馆 CIP 数据核字（2015）第280786号

出版发行：辽宁人民出版社
　　　　　地址：沈阳市和平区十一纬路25号　邮编：110003
　　　　　电话：024-23284321（邮　购）　024-23284324（发行部）
　　　　　传真：024-23284191（发行部）　024-23284304（办公室）
　　　　　http://www.lnpph.com.cn
印　　刷：沈阳旭日印刷有限公司
幅面尺寸：170mm×240mm
印　　张：16
字　　数：221千字
出版时间：2016年1月第1版
印刷时间：2016年1月第1次印刷
责任编辑：赵维宁
装帧设计：先知传媒
责任校对：郑　佳
书　　号：ISBN 978-7-205-08433-2
定　　价：28.00元

前　言

陵墓，看得见的历史

在中国，每当提起康乾盛世，人们自然而然就会想起历史上清朝的著名皇帝——康熙皇帝。

康熙帝，姓爱新觉罗，名玄烨，是清朝入关后的第二个皇帝。由于他的父亲顺治帝早亡，出过天花的他在祖母的坚持下，年仅8岁即位，年号康熙。他在祖母的辅佐下，因为勤奋、治理有方，不仅守业，还能创业。平三藩，驱沙俄，收台湾，停圈地，兴水利，奖耕荒，联蒙古，学科技，重教育，编典籍，建园林，当了61年的皇帝。在他统治时期，大清国开创出了"康乾盛世"的良好开端，为大清国奠定了中华民族疆土版图的根基。因为他在历史上的显著功绩，而深受人们的喜爱，于是人们称呼他统治的那个时期为康熙王朝，并送给他一个美称——千古一帝。

然而，虽然康熙帝在政治上展现了他的雄才大略，但在处理家务上，尤其是皇位的继承上，举棋不定，频频出现失误，以至于他在临死之前都没有公布储君——皇太子。一次偶感风寒，数天后竟突然死去，虽然他的皇位被皇四子胤禛继承并建立雍正王朝而成为新一代皇帝——雍正帝，他的死也被定性为病死，但是由于一些史料的失载以及无法解释清楚的历史现象，人们认为他的死也许包含着一个巨大的疑团——他是被害死的。

康熙帝死后，葬在了他皇父顺治帝的孝陵东面，他的儿子雍正帝为其确定陵名为景陵。景陵的建立，开创了清朝皇帝的子随父葬的先例，也开创了先葬入皇后的先例。

本来，景陵的建立只是为了应急之需。当时康熙帝正在忙于平叛三藩之乱，可他的结发之妻孝诚仁皇后因难产死了，因为皇后是要与皇帝葬在一起的，于是为了安葬皇后，康熙帝只能从紧张的国库中拿出一些银子建陵，并特意吩咐先建地宫，好让皇后先入土为安，并暂时命名为皇后陵。因此，康熙帝开启了清朝皇帝生前就建陵的先例。

本来，在康熙帝之前，清朝只有皇后有资格与皇帝葬在同一座地宫里，其他的妃嫔则要被葬在统一的墓地——妃园寝。可在康熙帝死后，他的一个妃子尽管已死了 24 年，不仅被追封为皇贵妃，还被葬进了景陵地宫。也许这是康熙帝生前没有想到的，可这却由此开创了清朝皇帝陵地宫葬入皇贵妃的先例。

景陵虽然是康熙帝所建，将宝顶改为圆形规制，但是它的圣德神功碑亭却是雍正帝所建，所立的两统圣德神功碑也是雍正帝所创立的，景陵的匾额汉字均为雍正帝御笔，并且钤盖"雍正尊亲之宝"的宝文；景陵的石像生建在弯曲的神路两侧，据查，这是乾隆帝给补建的。这些不仅是景陵首创，还是景陵的建筑特点。

康熙帝的妃园寝是在建景陵时就开始施工的，初建时称为妃衙门，后以第一个葬入的妃子的名称而称慧妃陵，直到雍正朝才正式改称为景陵妃园寝。在历史上，因为景陵妃园寝是清朝入关后建的第一座妃园寝，并且在历史中经历过改建，也许正是如此，它的建筑规制成为后世建妃园寝仿照的模板。然而，看似普通的景陵妃园寝，却因它奇怪的宝顶布局、一座没有葬人的空券以及一个阿哥葬在其中等谜团，困扰着研究者，也引发了读者的兴趣，于是它成了清陵史上最具神秘色彩的妃园寝。

如果说景陵妃园寝充满了神秘，那么，景陵皇贵妃园寝则是充满了传奇。因为特殊的建筑规制，以及仅有两位墓主人，还有关于妃园寝建立的民间传说，都是它的传奇之处。但据查，景陵皇贵妃园寝的建立，是乾隆帝为了报答康熙帝两个妃子对自己的抚育恩情，这才为她们单独建立了高规制的妃园寝。但在清朝，康熙帝有两座妃园寝实属特例。

往往，人们只是注重陵寝的建筑规制和建筑特点，而陵寝礼仪和文化却成了被忽略的角落。

作为清朝最好学的皇帝，康熙帝不仅改革了陵寝制度，还改革了丧葬制度，开始禁止皇后火化。虽然他的妃园寝内既有火化葬入的妃嫔，也有棺椁葬入的妃嫔。但据查，那些在康熙朝依旧被火化者，除了年幼的孩子，就是那些贵人及贵人以下位号较为低级的妃嫔。

斯人已去，陵墓尚在。

为了探索康熙帝景陵的这些历史以及它的不解之谜，笔者翻阅了大量的清宫档案，实地考察了景陵的地势，以及景陵和其妃园寝的建筑，走访了当地的一些知情村民，并详细了解了新中国成立前的陵寝建筑情况以及它们地宫的被盗情况。在此基础之上，借助前辈的研究成果，笔者写出了这部书——《康熙帝陵历史之谜》。

在此，笔者谨以此书纪念清朝康熙帝伟大的一生，并希望借助此书的出版，能在社会上唤起人们呼吁国家有关部门对景陵地宫进行保护性的清理，重殓康熙帝及其后妃遗骨，使长期浸泡在污水中的康熙帝等遗骨得到妥善安置，这样做不仅能保护和抢救濒危文物建筑，也是对死者的最大安慰和敬重。

徐　鑫

目　录

序章

康熙大帝的死亡之谜

康熙六十一年十一月十三日（1722年12月20日），畅春园戌刻，清朝入关后的第二位皇帝——69岁的康熙帝因"偶感风寒"溘然长逝，结束了他在位61年的皇帝生涯，新皇帝雍正帝的即位，宣告了自此康熙王朝的结束，国家也走进了雍正王朝。

在往常，当一个人死去，关于他的一切就都成了过去时，关于这个人的一切似乎没有必要再去理会了。然而，作为一代帝王的康熙帝，因为他的特殊身份，他的死却并没有因为朝代的改变而被人忘记，人们在继续生活的同时，对他的死产生了无数的猜测，并且大多数人都怀疑他的死并非是官方所说病死的。因为人们觉得他死前死后的一系列现象均不大正常，更不合乎情理，似乎有人在暗中操纵着一切，于是认为他的死很是蹊跷，死得很不正常，死得也很凄惨。而又据一些档案记载分析，康熙帝的死不仅出乎人们的意料，也是他没想到的。

康熙帝老年像

为什么这么说呢？

首先，人们认为康熙帝觉得自己的安全没有保障。因为人们清晰地记得，在康熙四十七年（1698）九月初四日，当康熙帝再次宣布废太子胤（允）礽时，曾悲凉地说过这样的一句话："朕未卜今日被鸩，明日遇害，昼夜戒慎不宁。"并且在康熙五十六年（1707）十一月二十一日的一道上谕中，康熙帝曾提到"'五福'以'考终命'列于第五者，诚以其难得故也"。这似乎在暗示，他将来有可能不得善终。于是，当康熙帝死后，人们再次细细品读并体会康熙帝的这些言语时，认为康熙帝自己认为他的生命没有安全保证，其处在随时都可能被害的危险境地。

其次，人们在档案中发现了无法解释的可疑点。人们在查现有的史料时，发现了康熙帝之死有可疑的地方，这两处记载的内容是这样说的：

一、乾隆朝文人萧奭所著《永宪录》记载，康熙六十一年十一月初七日，康熙帝由南苑回到畅春园，次日有病，传旨："偶患风寒，本日即透汗，自初十至十五（日）静养斋戒，一应奏章，不必启奏。"十三日戌刻死于畅春园。

二、据满文档案载，康熙六十一年十二月初七日，皇十四子允禵奉召自甘州（今甘肃张掖）赴京奔丧途中，在陕西双山堡，与奉命前来署理大将军印信的宗室延信相遇。允禵执手延信，痛哭失声，反复问询有关康熙帝去世前的情形。延信告称：

康熙皇十四子允禵

　　查仓事毕，我等于十一月初六日前往海子（南苑）奏闻。是日，见到主子，主子面询仓务，我等良久方散。看得主子气稍虚弱，颜面亦瘦些。翌日（十一月初七日），主子就回畅春园住了。我等八旗大臣相约后，初十日又去（畅春园）给主子请安。奉旨："尔等不要再来。"自此，我们没有再去。十四日方闻此事……

　　值得注意的是，在康熙帝死前，畅春园的皇三子诚亲王允祉、皇七子淳郡王允祐、皇八子贝勒允禩、皇九子贝子允禟、皇十子敦郡王允䄉、皇十二子贝子允祹、皇十三子胤祥等都没有察觉到康熙帝"病危"，也没有任何应对"病危"的措施，比如召御医等记载。相反，在康熙帝十一月初七日生病以后，官方在《圣祖仁皇帝实录》上对康熙帝死前的三天记载却都是"朕体稍愈"。这三天的记载如下：

　　辛卯（初十日），皇四子胤禛三次遣护卫、太监等至畅春园候
　　请圣安。上传谕：朕体稍愈。
　　壬辰（十一日），皇四子胤禛遣护卫、太监等至畅春园候请圣
　　安。上传谕：朕体稍愈。
　　癸巳（十二日），皇四子胤禛遣护卫、太监等至畅春园候请圣
　　安。上传谕：朕体稍愈。

　　从上面的记载来看，康熙帝在这三天的病情并无大碍，即使没有痊愈，但也没有发展的趋势。然而十三日的《圣祖仁皇帝实录》却记载，

康熙帝青年像

十三日丑刻，康熙帝病情开始严重；十三日戌刻，康熙帝就死了，死得很快，均未见有任何救护措施。相反，在这段时间内，康熙帝召见了守候在畅春园的几个皇子，还召见了皇四子胤禛。需要说明的是，《圣祖仁皇帝实录》是雍正帝即位后令人编纂的，上面是如何记载的，雍正帝可是心里最明白，如果记载的不是事实，或者记载的内容不符合他的本意，那是绝对不行的，这一点是肯定的。既然如此，那为什么记载那

三天康熙帝身体无大碍呢？

　　有人说，康熙帝病重时之所以未采取救护措施，是因为康熙帝对自己的病情没重视，可是他身边的皇子、大臣，尤其是太医院的御医难道也没有对康熙帝病情重视吗？也有人说，康熙帝在十三日这天，已经被秘密隔离，失去了对政局的掌控。其证据是，康熙帝召见皇四子胤禛"谕令速至"，而皇四子胤禛竟然七八个小时后才前来。而据初九日《圣祖仁皇帝实录》记载，康熙帝令皇四子胤禛替自己恭代十五日的南郊大祀。但其地点距离畅春园的路程并不算很远。于是据此分析，康熙帝的"偶感风寒"是被人给利用了，他的死绝不是简单的病死，他的死绝非正常。

　　既然是属于不正常的死，那他就有可能是被人害死的。那又是谁想害死康熙帝呢？想得到皇位的人最有可能是凶手。遍查档案记载发现，皇四子胤禛对康熙帝的"病情"最为关心关注，并且行迹最为可疑。于是，康熙帝的皇四子胤禛便成了人们最大的怀疑对象。其证据是，在畅春园的皇子还不知道康熙帝已死的情况下，康熙帝的遗体在深夜已被转移到了紫禁城的乾清宫，并且是将康熙帝伪装坐在黄舆内运回去的。对此，《永宪录》上有如下的记载：

　　　　上晏驾后，内侍仍扶御舆入大内。诸王非传旨不得进。次日
　　至庚子（十九日），九门皆未启。

　　《圣祖仁皇帝实录》记载，十三日皇四子胤禛进见问安康熙帝三次；《世宗宪皇帝实录》则记载，十三日皇四子胤禛进见问安康熙帝五次。在康熙帝生命的最后四天里，皇四子胤禛总共五次派人问安，三次"进见"，一次被"诏见"，可就是这唯一的一次召见还去晚了。最为重要的是，《圣祖仁皇帝实录》上记载：十三日寅刻，隆科多宣谕：实际上，皇四子胤禛为皇帝。皇四子胤禛已刻进入畅春园康熙帝寝宫时，康熙帝则是仅仅"上告以病势日臻之故"。寅刻至已刻，其间为4个时辰即8个小

5

《大义觉迷录》书影及受遗命即位的记载
《大义觉迷录》中关于"雍正进献康熙人参汤"的记述

时。在此，人们不免疑问：既然是立皇四子胤禛为皇帝，胤禛何以在四个时辰后才到达畅春园呢？康熙帝与胤禛的对话时间是巳刻，康熙帝死亡时间为戌刻。巳刻为上午9点至11点，戌刻为晚上7点至9点。康熙帝与胤禛的对话时间是11点之后，父子之间能对话，就说明当时的康熙帝头脑还是很清醒的。后来传闻甚广的"人参汤"事件，当是发生在这次对话之后，并且雍正帝在《大义觉迷录》中也没有否认给康熙帝进献人参汤这件事情，不否认就是默认。胤禛为了证明自己的皇位不是夺自一奶同胞的十四弟允禵，称康熙帝曾对孝恭仁皇后说："汝之小儿子（皇十四子），即与汝之大儿子（皇四子）当护卫使令，彼也不要。"并且对此还进一步解释说："康熙帝的年岁已高，哪有将皇位传给远在几千里之外的皇十四子的道理？天下再傻的人，也不会做这样的事情的。"如果说雍正帝的解释令人感到出奇，那么更令人称奇的是，在康熙帝死后的十一月二十五日，雍正帝谕令内阁："隆科多应称呼舅舅。嗣后启奏处书写舅舅隆科多。"康熙帝生病后，隆科多一直陪伴在康熙帝身边，又是宣读康熙帝"遗诏"的托孤重臣。

那么，隆科多何许人也呢？

隆科多，佟佳氏，满洲镶黄旗人，一等公佟国维第三子，康熙帝的孝懿仁皇后的亲弟弟。当时的职务为理藩院尚书、步军统领，掌管着北京城及宫廷的安全保卫。

　　由此可见，隆科多并非是皇四子胤
禛的亲舅舅。又知，胤禛与他的亲舅舅
并无过亲的往来。而雍正帝对隆科多的
深入认识是在康熙帝死之后。其依据
是，雍正元年正月，雍正帝在年羹尧的
奏折中曾有这样批示：

隆科多像

　　　　舅舅隆科多，此人朕与尔先前不
但不深知他，真正大错了。此人真
圣祖皇考忠臣，朕之功臣，国家良
臣，真正当代第一超群拔类之稀有
大臣也。

　　将加点的字单独挑出来，其意是"舅舅隆科多，此前朕与尔先前不深
知他，真正大错了。此人真朕之功臣"。何以在极短的时间内，隆科多就
成为雍正帝的"朕之功臣"呢？况且雍正帝自己承认"舅舅隆科多，此人
朕先前不深知他，真正大错了"。因此，人们难免这样想：雍正帝自己说
的这句话，又暗含着哪些意思呢？这句话是否可以理解为，胤禛即位之前
与隆科多交往并不多，但在康熙帝死后胤禛当皇帝这件事情上，他没少出
力。然而，当胤禛的皇位稳固后，隆科多被罗列犯有四十一条罪行，囚禁
在畅春园外的三间房里，并于雍正六年六月死去。据说，隆科多曾说过这
句话："白帝城受命之日，即死期将至之时。"于是有人认为，隆科多的死
是雍正帝的杀人灭口，是为了掩盖他即位不合法之举。因为宣读康熙帝遗
诏时，除了皇子外，只有隆科多一个人在场，而隆科多并非是唯一的皇亲
国戚及重臣。而且又有人考证，目前存世的康熙帝遗诏有两份，一份保存
在北京中国第一历史档案馆，一份保存在台北"中央研究院"历史语言研

究所，遗诏分为汉文和满文两部分，前部分是汉文，后部分是满文。虽然两份遗诏都严重受损，但还是可以看出来，保存在北京的遗诏有明显的涂改地方，而且其汉字部分似乎是两个人书写的；保存在台北的遗诏，不仅工整，而且汉字部分盖有两处"皇帝之宝"印文。据分析，台北的遗诏是正本，北京的遗诏是修改后的副本。于是遗诏造假也成为怀疑康熙帝非正常死亡的佐证。因此，康熙帝生病时及死后诸多事情，人们都自觉或不自觉地将其与胤禛的行为和表现联系在一起，认为胤禛的即位，很大程度上是一个巨大阴谋的"成功"，其目的无非是令康熙帝非正常的死亡，以至于即使康熙帝是真的暴病猝死，人们都无法相信康熙帝是病死的，更何况康熙帝之死及胤禛即位前后，胤禛的一些行为和表现，确实又无法给予合理的解释。因此，康熙帝的死成为雍正帝无法摆脱的嫌疑。

现在，无论康熙帝死因在历史上的真相如何，最终，康熙帝的棺椁是被雍正帝风光且又隆重地葬入了清东陵的景陵地宫，并且长眠至今。

第一章

康熙帝的另一面

康熙帝成为一代伟人，其能力和本事并不是与生俱来的，这与他在童年的经历和所受的教育有着直接的关系。首先，幼年的他就非常勤奋，后来在两位『贵人』的帮助下，他终于登上了皇帝宝座。当上皇帝的他贵为天子却能居安思危，知天命并洞察人事。在他还健在的时候，就已经想到了死后事。虽然他生活节俭，但当他死去的时候，人们发现他的遗物，种类很多，极尽奢华。

一、童年的遭遇

顺治十一年（1654）三月十八日巳时，在紫禁城的景仁宫，孝康章皇后佟佳氏生下了顺治帝的皇三子玄烨，即后来的康熙帝，他是清朝入关后的第二个皇帝。

孝康章皇后朝服像

康熙帝朝服像

也许是为了宣扬康熙帝是神灵的化身，对于康熙帝的出生，在《圣祖仁皇帝实录》上有如下的记载：

孝康章皇后诣慈宁宫问安，将出，衣裾若有龙绕，太皇太后见而异之，问知有娠。顾谓近侍曰："朕曩孕皇帝时，左右尝见朕裾褶间有龙盘旋，赤光灿烂，后果诞生圣子，统一寰区。今妃亦有此祥徵，异日生子，必膺大福。"至上诞降之辰，合宫异香，经时不散。又五色光气，充溢庭户，与日并耀。是时，宫人以及内侍无不见者，咸称奇瑞云。

不仅如此，就是在康熙帝的景陵圣德神功碑上，其碑文也有类似的神话描述：

孝康慈和庄懿恭惠温穆崇天育圣章皇后在妊时，孝庄文皇后见孝康章皇后衣裾若有龙绕，知为毓圣之祥。逮降诞之辰，异香盈室，经日不散，五色光华，与日并耀，宫人、内侍咸所瞻仰。

并将康熙帝外貌和言行描述成伟人的形象：

天表奇伟，耳大声洪，双瞳日悬，隆准岳耸，肤理莹白，皎然玉质。举止严重，性度恢宏。敦敏聪明，出言中理。

那么，康熙帝的形象是否如碑文所述呢？据《圣祖仁皇帝实录》记载，康熙帝并不认为自己有超众之处，他认为自己很平凡、很普通，其成长也无特殊之处，他曾这样对诸王大臣说："朕之生也，并无灵异；及其长也，亦无非常。"相反，出生后的玄烨虽贵为皇子，但其童年并不快乐，并且还因为出过天花，脸上长有一些麻子。在他当皇帝之前的生活，与他人一样，同样承受着来自制度、家庭、社会和疾病对身体和心灵的影响。

（一）来自制度的影响。清朝规定，皇子、皇女出生后，不能与亲生母亲居住在同一宫。因此，玄烨出生后即被抱离生母，由保姆等抚育和照顾生活，由宫女和太监服侍和陪伴。不仅不能得到父母的抚爱，就是想见

11

到自己的皇父和生母都有困难，根本没有普通家庭的天伦之乐。这是属于制度造成的母与子之间的分离生活。

（二）来自家庭的影响。由于玄烨的皇父顺治帝的特殊身份，顺治帝后宫有诸多的女人，致使玄烨的家庭关系复杂。尤其是当玄烨2岁时，顺治帝疯狂地爱上了董鄂妃，并且因董鄂妃的死闹得寻死觅活的，又要自杀又要出家当和尚，后来患天花又重病最后死亡。在这几年间，幼年的玄烨根本得不到什么父爱，更谈不上家庭的温暖。这是家庭的特殊性造成的。

（三）来自社会的影响。由于满洲贵族入关后受到天花疾病的严重威胁，对天花传染病没有好的治疗方法，大多数都是任由得天花病的人靠自身的抵抗力活命。因此，对得天花病的人采取的手段就是隔离。于是顺治帝借口皇三子玄烨尚未出天花，令其与保姆搬出紫禁城，居住在紫禁城西的一座府邸，这座府邸因康熙帝曾居住过的原因后来改建成喇嘛庙福佑寺。直到玄烨出过天花（出痘）后的四五岁时，才搬回了紫禁城。这对年幼的玄烨来说，其幼小的心灵上留下了社会冷漠的创伤。

（四）来自疾病的影响。天花病，民间又称"出痘"，由于缺乏有效的

康熙帝青年时期的常服像

治疗方法，大多是靠自身的抵抗力自己愈合。凡得过天花病的人，大多数都会在脸上留下"痘痕"，即民间常说的麻子。因此，当玄烨的天花病好后，脸上也留下了很多麻子。这在生理上是遗憾，在心理上则就叫创伤。

然而，虽然童年的玄烨在生活和心理上受到这些不利身心的影响，但在祖母孝庄文皇后的精心照料和抚育下，却培养出了坚强和勤奋好学的好品质，这些都为他后来成为一代天骄伟人——康熙大帝，打下了良好的心

理基础。在皇三子玄烨六岁的时候，一次顺治帝询问皇二子、皇三子、皇五子三人长大后的志向。皇二子福全回答说："愿为贤王。"皇三子回答说："待长而效法皇父，黾勉尽力。"皇五子因刚3岁太小，没有回答。从这件小事情可以看出，皇三子玄烨自小就怀有远大的志向，那就是当皇帝。

事实上，光有优良的品质以及良好的心理素质，这对于当皇帝还是远远不够的，因为当不当得上皇帝，其主要因素还是在于能否得到顺治帝的认可。那么，幼小的玄烨又是如何得到了顺治帝的认可呢？

二、洋"贵人"的帮助

顺治十八年（1661）正月初七日，年仅二十四岁的顺治帝病死在紫禁城的养心殿，其遗诏中写道：

顺治帝遗诏

朕子玄烨佟氏妃所生，年八岁，岐嶷颖慧，克承宗祧，兹立为皇太子，即遵典制，持服二十七日，释服，即皇帝位。

根据遗诏，顺治帝的皇三子玄烨于顺治十八年（1661）正月初九日在太和殿即位，当上了皇帝，年号"康熙"，其中"康"表示"安宁，平静"的意思，"熙"则表示"兴盛繁荣"，"康熙"这两个字合在一起就是"万民康宁、天下兴盛"的意思。虽然玄烨当上了皇帝，但是他的年龄仅有八岁，即位后当时暂时居住在保和殿①。

玄烨的即位，没有经过皇太极即位时采用的推举制，也没有经过顺治帝即位时剑拔弩张的你死我活的争夺，他的即位是顺治帝与生母皇太后协商的结果。然而，这协商的过程，却是颇有内幕，并不是一帆风顺的。

孝庄文皇后朝服像

清初，皇位的继承，并未规定必须父传子，而非子不传。而顺治帝病重时，虽然生育了 8 个儿子，有 6 个活着的，但孩子的岁数都很小，最大的皇二子才九岁，最小的皇八子才两岁。于是，顺治帝倾向于在自己的本家宗室兄弟中选择一位继承者，以此避免因皇帝年幼而再次出现皇权旁落的现象。对于顺治帝的这种担心想法，他的生母孝庄文皇后却不以为然，她认为，子继父位乃是天经地义，大清国皇位的继承者必须在顺治帝的皇子中选择，这样，一来可以使新皇帝的血脉是得自皇太极和顺治帝的直系血统；二来新皇帝也是自己的亲孙子，身上也会流淌着自己的血脉。虽然顺治帝的 11 个兄弟中还有 5 个，但这 5 个兄弟皆不是皇太后所亲生。如果让他们中的一个人继承了皇位，那么这个人死后的皇位继承人，则不可能是顺治帝的儿孙，因此，流着孝庄文皇后血脉的顺治帝子孙，今后势必与皇位永远无缘了。入关已 18 年的皇太后受汉族儒家文化的影响，认为如果因自己孙子岁数小而就此失去了皇位继承的权利，这是万万使不得的。因此她有必要并且是必须要采取措施给予制止，其措施就是直接否定

---

① 保和殿是因以暂居顺治帝、康熙帝而改称的殿名，清顺治三年（1646）至十三年（1656），顺治帝福临曾居住保和殿，时称"位育宫"，大婚亦在此举行；康熙自即位至八年（1669）亦居保和殿，时称"清宁宫"。

顺治帝的初衷想法。

　　为了达到自己的这一目的，孝庄文皇后求助了一个叫汤若望的洋人。对此，《汤若望传》上有这样的一段记载：

> ……一位继承的皇子尚未诏封，皇太后立促皇帝作这一件事情。皇帝想到了一位从兄弟，但是皇太后和亲王们的见解，都是愿意皇帝由皇子中选择一位继承者。……这样皇帝最后……封一位庶出的、还不到七岁的皇子为帝位之继承者。当时为促成这一决断所提出的理由，是因为这位年龄较幼的太子，在髫龄时已经出过天花，不会再受到这种病症的伤害。

　　从上段文字中可以看出，顺治帝的皇三子玄烨能当上皇帝，是因为皇太后和宗室都反对顺治帝的想法，即新皇帝在顺治帝从兄弟中选出，而是赞成子继父位的继承方式。于是，顺治帝选定了自己的一个皇子为新皇帝，其理由是他已经出过天花，不再会得天花病了。而这个皇子就是皇三子玄烨。对此，《清皇室四谱》上有这样记载：

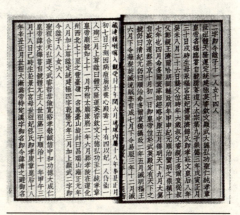

《清皇室四谱》上记载，康熙帝的"玄烨"名字是顺治十八年顺治帝给起的

> （顺治）十八年辛丑正月，世祖大渐，为帝特定汉字御名，即今讳。清之避御名立庙讳自此始。旋遗诏立为皇太子，嗣大统。

　　从上段文字中，不仅知道了顺治帝遗诏立皇三子玄烨为皇太子即位皇帝，还可以解读出另外两个事情来：

（一）康熙帝的汉文名字"玄烨"，是顺治帝临死前才定的。"玄烨"，有着特殊的含义。他的这一个名字的来历与一个叫汤若望的西洋人有关。

汤若望，原名约翰·亚当·沙尔·冯·贝尔（Johann Adam Schall Von Bell），是明末来华的耶稣会传教士。1592年5月1日生于德国莱茵河畔的科隆城的一个贵族家庭，从小就读于著名的三王冕贵族中学。由于学习成绩突出，毕业后被保送到罗马的日耳曼学院。1611年加入耶稣会。1619年7月来到中国澳门，1623年在明朝政府供职，1651年进入清廷任职钦天监监正，因此他有机会接触皇帝，又因为他能够在学问和国事上提供可信赖的建议和帮助，因为给顺治帝的母亲即孝庄文皇后治好了病，被尊为义父，后来顺治帝又改尊称他为"玛法"，"玛法"的满语意思是"爷爷"。

顺治帝与汤若望画像

汤若望与顺治帝和孝庄文皇后之间长期保持着亲密关系。汤若望经常被召入宫，有时候顺治帝也会亲临汤若望的住处。顺治帝不仅给汤若望加官晋爵，还加封了汤若望的祖上三代，并且还恩赐免除汤若望应该遵守的一大套宫中礼俗。为了保证汤若望的安全，汤若望离开皇宫回家时，顺治帝则派一些皇室亲王护送。在汤若望住所时，顺治帝表现得很是随便和悠闲，居然有一次，顺治帝在汤若望住所为他祝贺生日，并大宴群臣。难能可贵的是，汤若望并没有因顺治帝的恩宠而得意忘形，而是更加小心谨慎地供职，严格恪守君臣之道。有时皇太后都很难说服顺治帝的时候，只要汤若望出面，问题也会得到圆满的解决。由此可见，汤若望在顺治帝心中占有特殊的地位。所以，当在立哪个孩子为皇太子这件事情上发生矛盾时，即顺治帝想立皇二子福全为皇太子，而皇太后则想立皇三子，为了获得支持，皇太后自然又想起了汤若望，于是在汤若望的劝说和孝庄文皇后的努力下，顺治帝最终作出决定：皇三子玄烨继承皇位。其理由既简单又充分：顺治帝的六个儿子中，只有皇三子已出过天花，对这种可怕的疾病已有了终身的免疫力。

那么，顺治帝为什么要给当上皇太子的皇三子取名为"玄烨"呢？

汤若望居住的北京南堂旧影

原来，皇三子玄烨是顺治十一年出生的，就在他出生的前一年，顺治帝赐予汤若望"通玄教师"的封号，加俸一级。三年后，也就是顺治十四年，顺治帝又为汤若望御撰《天主堂碑记》一文，并赐"通玄佳境"堂额。可见，在玄烨出生前后的三四年间，"玄"字在顺治帝的心目中是十分重要的，儿子的名字里带着"玄"字，给洋"玛法"的赐物里两次带有"玄"字，它是汤若望传授的包括天文、历法、机械以及天主教信仰在内的，为顺治帝深深服膺的一套学说。"玄烨"之"玄"，乃汤若望所传学问之谓。"玄烨"者，乃祝愿洋"玛法"所传学问辉煌光大之意。因此，由康熙帝的这个"玄烨"名字可以知道，顺治帝给皇三子取这个名字，其内心的期望是多么的高。

存放皇家族谱"玉牒"的档案库

（二）自康熙帝开始，皇帝的名字开始避讳。在康熙帝之前，清太祖努尔哈赤、太宗皇太极、世祖福临的名字，在《清实录》、《玉牒》等官书记载时，均用黄签盖上，俗称"贴黄"，以此方法表示敬避皇帝的御名。自康熙帝开始，皇帝名字的避讳方法发生了改变，其方法是："玄烨"这两个字的最后一笔不写，凡是带有"玄"字偏旁的字，其"玄"字的最后一笔也不写出来。也有将"玄"改为其他字的时候，如"玄武大帝"改为"元武大帝"。据查，皇帝名字的避讳，从当朝及其清朝后朝书写时都要用这种方式。

由以上事情可以看出来，康熙帝之所以有"玄烨"这个名字，以及他之所以能当上皇帝，除了有祖母孝庄文皇后的努力外，更大程度上是得到了汤若望——这个洋人的支持和帮助。

三、提前写遗诏

自古以来，人的生老病死都是不可抗拒的自然规律。在大自然面前，无论人的地位有多么显赫，身份又如何高贵，终究难免一死。于是聪明之人，往往在生前就会为自己留下遗嘱，将自己生前的心愿和死后事宜用文字的形式提前交代清楚，做个生前明白、死后清楚的鬼。既然帝王也是人不是神，因此也是无法逃脱大自然的法则，只不过他们写的遗嘱被称为"遗诏"。

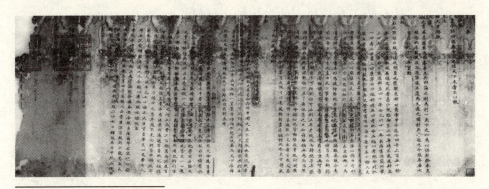

康熙帝遗诏（台北历史语言研究所藏）

在我国封建社会，大多数皇帝在临死前是要写遗诏的，在遗诏中，不但总结自己一生的功过，安排后事，还要确定皇位的继承人，规定丧葬礼仪等。皇帝驾崩后，颁布至全国各地以及中国附属国。遗诏一般由皇帝口授，由皇帝指定的心腹重臣代笔。实际上，当皇帝病危时再写遗诏，往往其本人或已口不能言，或神志不清，或昏迷不醒，或猝然死去，在这些情况下，只能由文臣代写遗诏。然而也正因此，这种遗诏往往不能真实地表达出先帝的意愿，甚至被反对派利用，起到宣传反对派观点、歪曲先帝真实思想的作用。如顺治帝的遗诏，一些清史专家至今都认为那是在孝庄文皇后的授意下改写的，以致使顺治帝的遗诏成了他的罪己诏。

鉴于历史教训，康熙帝不以死为忌，决心趁自己清醒之际，采取汉族文化中子孙成家立业、分家产提前写遗嘱的形式，自己提前写遗诏，并于康熙四十七年（1708）开始，他就在思想上进行了准备，平时的生活和朝政等点点滴滴，自己认真总结，随时笔记，精心收藏，十年之间，从不间断。

康熙五十六年（1717）十一月，康熙帝卧病在床，此时遗诏准备工作基本就绪，他决定在自己清醒之时，把已写好的遗诏基本内容公之于世，让海内臣民能了解自己的真实思想，避免将来一旦猝死，别人矫诏篡改。

当月二十一日，康熙帝把众皇子、满汉大学士、九卿、詹、事、科、道等大臣召进乾清宫东暖阁，当众宣布了他准备了10年之久的遗诏。

首先，他介绍了自己最近的身体健康情况：

> 朕少时，天禀甚壮，从未知有疾病。今春，始患头晕，渐觉消瘦。至秋月，塞外行围，蒙古地方水土甚佳，精神日健，颜貌加丰，每日骑射亦不觉疲倦。回京之后，因皇太后违和，心神忧瘁，头晕频发。

接着，康熙帝阐述了清朝人主中原最是天经地义、名正言顺的，称其原因是"应天顺人，抚有区宇，以此见乱臣贼子，无非为真主驱除耳"。虽然当皇帝五十余年，却全是"实赖天地宗社之默佑，非予凉德之所致也"。自古至今，在有年号的211位帝王中，他当皇帝时间最长。然而他在位虽久，却"未卜后人之议论如何，而且以目前之事，不得不痛哭流涕，豫先随笔自记，而犹恐天下不知吾之苦衷也"。

康熙帝讲完自己用心治理天下的苦心未必能为天下世人知之后，话锋一转，开始讲述自己提前写遗诏的原因：

> 自昔帝王，多以死为忌讳。每观其遗诏，殊非帝王语气，并非中心之所欲言。此皆昏瞀之际，觅文臣任意撰拟者。朕则不然，今欲使尔等知朕之血诚耳。

接着，他讲述自己当政五十七年中日理万机，用人行政，兢兢业业，"殚心竭力，有如一日"，"劳苦"治理国家，可他并没有因此"旁诿"帝王所应担负的责任。讲到他的日常生活起居，自幼强健，巡狩节俭，戒酒色，防小人，因一次大病身体欠佳，未死之前不吐不快，为之旁征博引，评古论今。并讲明他不信祥瑞，只求实政。洋洋数千言，尽皆肺腑之语。

最后他这样说道：

> 愿尔等大小臣工，念朕五十余年太平天子，惓惓叮咛反复之
> 苦衷，则吾之有生考终之事毕矣。

并强调这些言语已经存在心里十年，如果日后他死了，要说的话也就是这些了，"若有遗诏，无非此言。披肝露胆，罄尽五内，朕言不再"。

康熙帝的这篇感人肺腑的遗诏主要包括了五个方面的内容：一是在位久、高寿；二是勤于政事，鞠躬尽瘁；三是注重骑射，用武力统一和保卫国家；四是力戒奢华，崇尚节俭；五是不信祥瑞，讲求实政。康熙帝的自我总结和评价，基本符合实际，并无夸大和吹嘘之词。

当时间又过了五年，康熙帝于康熙六十一年（1722）十一月十三日病逝于畅春园，终年69岁。据查，其死后所颁发的遗诏，除了增加了指定皇位继承人、规定了持服期限外，其内容与提前公布的内容基本相同。

四、留下的"纪念"

清朝帝王、后妃等人死后，往往都留下大批遗物，如冠、服、器物等，这些皇帝、后妃使用过的物品，有的随大丧仪焚化，有的赠与活着的后妃、大臣、太监、妈妈（乳母）等人，也有的存入宫中，留作纪念。康熙帝死后，存入宫中的遗物，直到乾隆三十年，历时四十多年还保存完好。通过对这些物品的研究，

明黄缎平金彩绣龙皇帝朝袍

在一定程度上可以了解封建帝王在服饰、用品等方面的喜好，以及这些物品在工艺和文化方面的研究价值。

这些遗物包括各式朝袍、端罩、龙袍、褂、常服、甲、朝珠、佛头等。据统计，其中：

各式朝冠、帽、盔十多顶。有朝冠顶一座，本色貂皮朝冠、藤子绒缨朝冠、本色貂皮毡台貂皮檐里冠、貂尾毡台羊皮里暖耳冠、熏貂毡台羊皮里冠、熏貂缎台冠、貂毛毡台羊皮里冠、黑狐皮毡台羊皮里冠各一顶，本色貂皮黄缎台喇嘛帽一顶，青缎续棉子盔、蓝缎衬盔各一顶。

计有黄缎织金龙貂皮边貂檐朝袍、黄缎绣金龙海龙边貂檐朝袍、黄缎织金龙貂皮边青檐朝袍、黄缎织金龙海龙边青檐朝袍、蓝缎织金龙貂皮边天马皮朝袍、蓝缎织金龙海龙边天马皮朝袍、黄缎织金龙海龙边天马皮朝袍、黄缎织金龙貂皮边天马皮朝袍、黄缎绣二则金海龙边天马皮朝袍、蓝缎绣二色金海龙边银鼠皮朝袍、蓝缎织四团金龙片金边绵朝袍、蓝二色缎素朝袍、蓝缎织金团龙片金边夹朝袍、蓝纱织金龙片金边夹朝袍、蓝纱织四团龙片金边夹朝袍、蓝芝麻地纱描金龙描金边单朝袍各一件；黄纱织金龙片金边夹朝袍二件；黄缎织金龙片金边夹子一件；黄缎熏貂套袖、蓝缎熏貂套袖各一副；玄狐皮黄潞绸面端罩、玄狐皮黄缎面端罩、貂皮黄潞绸面端罩各一件。

金龙袍有黄缎绣金龙天马皮袍、黄缎绣寿字团龙银鼠皮袍、石青实地

康熙款明黄金龙妆花缎皮朝袍

单纱织五彩团龙袍、香色芝麻地单纱绣二色金团龙袍、香色直经地单纱绣二色金团龙袍各一件。

金龙褂有石青缎绣四团金龙青襜褂一件；石青缎绣四团金龙天马皮褂一件；石青缎四团金龙银鼠皮褂八件，其中缉碎珠一件，绣五件，织二件；石青缎四团金龙绵褂八件，其中绣一件，织七件；石青缎四团金龙夹褂四十三件，其中绣十六件，织二十七件；石青纱四团金龙夹褂二件；其中织八团一件；其中织行龙一件；石青实地单纱织四团金龙褂四件；石青芝麻地单纱四团金龙褂四件，其中绣二色金二件、描金二件；常服有红羽纱单大褂、黑狼皮面黄襜里长褂、貂襜面黄襜里长褂、沉香色宁绸面

康熙帝盔甲

羊皮衬甲袍、油绿缎面羊皮巡幸袍、油绿缎面巡幸棉袍、石青缎面貂皮巡幸袍、油绿缎面巡幸绵褂、月白潞绸面灰鼠襜紧身各一件，石青缎面银鼠皮巡幸褂二件，绵春绸紧身二件，其中鱼白色一件、灰色一件；蓝宁绸夹紧身一件，随貂领一条。

索子甲一副，勒里甲一副，朝带有金台嵌青金石方朝带一副，上嵌东珠三十二颗；金台嵌青金石手巾束，上嵌东珠八颗；蓝白春绸手巾；蓝素缎正珠云大荷包，上附珠子坠角；黑牛角鞘花羊角靶小刀、象牙牙签盒，金累丝带版嵌珠子软朝带、金累丝带版嵌珠子软带、金累丝下接黄宫绸软

带、黄线软带各一副，朝珠有伽楠香朝珠一盘，青金石佛头、绿石塔、珊瑚背云、大坠角、珊瑚纪念坠角； 珊瑚朝珠二盘，伽楠朝珠、青金石朝珠、琥珀念珠、黑牛角念珠、墨晶念珠、沙鱼皮念珠、扁核桃念珠各一盘；青缎倭缎云尖靴、石青蟒缎绵袜各一双。

以上所列物品，虽然仅仅是康熙帝生前衣物用品的一小部分，但却由此也可以看出，作为封建帝王的康熙帝的生活还是很奢侈豪华的，尤其是他做了六十年的皇帝，其使用和制作的物品，会比知道的多很多。再者，根据这些也可以推断，康熙帝死后带入地下供其享受的物品数量也不会少。然而，其地宫中丰厚的墓葬和价值连城的珍宝，带给康熙帝的将不再是宁静长眠，而是毁棺抛尸，遗骨长年浸泡泥浆的悲惨结局。

第二章

改革和创新的景陵

　　皇帝还活着，皇后却先死了。为了让皇后入土为安，康熙帝开启了清朝皇帝生前就建陵的先例。由于历史原因，康熙帝建陵时的档案史料并没有保存下来，但这并不影响民间传说将历史的真实传承下来。实际上，康熙帝的景陵选址、营建等，都是遵循着极为科学的理论基础。在继承孝陵的基础上，康熙陵也有自己独特的创新，并在陵寝制度和丧葬礼仪上，都发生了一些革命性的变革。

一、首创生前建陵

在康熙朝以前，清朝皇帝陵都是皇帝死后才开始营建的，即使生前选定了陵址，也没有建皇陵，如皇太极的昭陵、顺治帝的孝陵。但自康熙朝开始，皇帝陵的营建大多在皇帝生前就开始了，这是因为康熙帝在生前就营建了自己的皇陵，只不过当时建陵原因很简单，因为康熙帝的原配皇后赫舍里氏于康熙十三年（1674）五月死了。清制，原配皇后死后是要与皇帝合葬的。清初，虽然在康熙朝之前的皇后死于皇帝前可以暂时停灵其他处所，但清朝入关以后，受汉族儒家文化影响，皇后的停灵时间没有超过很长时间的，而且皇帝陵大多都是在皇帝生前就营建好的，为了遵循古

景陵陵宫鸟瞰图

制，也为了先安葬皇后，令其死后能早日入土为安，康熙帝打破生前不建陵的祖制，开始为自己营建皇陵。

由于康熙帝的皇父——顺治帝的孝陵建在了北京之东北130公里远的遵化昌瑞山脚下。遵照"子随父葬"的传统做法，康熙帝决定将自己的陵寝建在东陵境内的孝陵附近。于是，康熙帝的原配皇后孝诚仁皇后死后不久，康熙帝就命相度大臣在孝陵附近选定了陵址，并于康熙十四年（1675）十月亲自到堪舆的万年吉地查看了一番，见吉地风

乾隆朝绘制的景陵图

景秀丽，景色宜人，山势地理非常适合做万年吉地，因此非常满意，于是将那里正式确定为万年吉地并开始建陵。

康熙十五年（1676）正月十三日，康熙帝向礼部和工部发出一道上谕：

> 仁孝皇后[①]陵寝已卜定于孝陵附近之山，理应备依典制营建，但目今军需浩繁，民力维艰，著将地宫先行修造，其余一应工程，候国用充足之日次第举行。著即选择吉期，并应行事宜，详议以闻。

同年二月初十日，万年吉地正式破土动工，首先营建的是陵寝地宫。

[①] 谕旨中所称呼的"仁孝皇后"，实际上就是康熙帝的"孝诚仁皇后"。原来，康熙帝的原配皇后赫舍里氏死后，康熙帝赐她谥号为"仁孝皇后"，后来康熙帝死后被尊谥为"仁皇帝"，这样康熙帝的庙谥"仁"就与仁孝皇后的"仁"字重了，于是雍正帝将"仁孝皇后"改谥为"孝诚皇后"即"孝诚仁皇后"。

作为一代英明君主，康熙帝审时度势，根据国家的财力和难处，只是将陵寝的地宫先修建，将死去的皇后先行入葬，而陵寝的其他附属建筑可以推迟到国力充裕的时候再建。这种量力而行的办法，当时也是不得已的办法。营建景陵时，其景陵的工程当时采取的是对外承包，清廷监督并验收的形式。具体做法是将陵寝各工程分工段、分进程交由专门经营土木工程的木厂承包。这样既能保证工程质量，还能在一定程度上可以拖延资金的垫付，缓解资金的紧张。

据《圣祖仁皇帝实录》记载，景陵地宫建成后，康熙朝发生的景陵大事记如下：

康熙十六年（1677）九月初十日，康熙帝亲自阅视仁孝皇后陵。

康熙二十年（1681）二月十九日，仁孝皇后、孝昭皇后[①]梓宫由巩华城启行奉移陵寝。二十五日，康熙帝亲往仁孝皇后、孝昭皇后地宫[②]相视。二十六日，仁孝皇后、孝昭皇后梓宫至陵所，奉安于享殿。

康熙二十年（1681）三月初五日，以仁孝皇后、孝昭皇后梓宫奉安地宫，遣官告祭天地、宗庙、社稷、孝陵。初七日，遣康亲王杰书、庄亲王博果铎分诣仁孝皇后、孝昭皇后梓宫前，读文致祭。奉移梓宫于地宫前享殿。初八日，寅时，移仁孝皇后、孝昭皇后梓宫安葬地宫，仁孝皇后居左，孝昭皇后居右。康熙帝亲自奠酒，王以下满汉大臣等行礼。

康熙二十八年（1689）十月十一日，奉移孝懿皇后梓宫往山陵。康熙帝亲临送，王以下文武官员及公主、王妃以下二品命妇以上，俱齐集举哀跪送。康熙帝命皇长子允禔、皇三子允祉、皇四子胤禛随驾。十六日，以孝懿皇后梓宫奉安地宫，遣官告祭天地、宗庙、社稷、暂安奉殿、孝陵、仁孝皇后、孝昭皇后陵。十七日，孝懿皇后梓宫至山陵，奉安享殿。十九日，奉移孝懿皇后梓宫于地宫前享殿，遣皇长子允禔读文致祭。二十

---

① 孝昭仁皇后是康熙帝的第二位皇后，死于康熙十七年（1678）。
② 这种称呼是来自于《圣祖仁皇帝实录》上的说法，因地宫首先葬入这两位皇后，故此称之。也因为葬有这两位皇后，故此陵寝名称也称为仁孝皇后、孝昭皇后陵。

日，巳时，奉移孝懿皇后梓宫安葬地宫。上亲临奠酒，王以下文武大臣等行礼。

雍正元年（1723）二月十七日，雍正帝刺破手指，用指血在大臣事先拟定的6个陵名中圈定了"景陵"二字，至此，康熙帝的陵寝被正式称作"景陵"，之前先后被称为"仁孝皇后陵"、"仁孝皇后、孝昭皇后陵"、"仁孝皇后、孝昭皇后、孝懿皇后陵"。景陵的这种命名方式，是清朝唯一的皇帝用指血圈定的，它的满语译音是"安巴灵武蒙安"。

二、选址的传闻

景陵是清朝入关后营建的第二座皇帝陵，由于建陵较早，各种档案丢失或残毁，景陵的堪舆人及选址的"风水说帖"目前并没有发现，虽然这是一个遗憾，但在民间却流传着这样的一个选址传说：

康熙帝登上皇帝宝座后，派出大学士、礼部尚书、工部尚书和钦天监官员到昌瑞山顺治帝孝陵附近相度万年吉地。这些官员和风水先生经过一年的反复踏勘，终于在孝陵东南二里的地方相中了一块。但见此处群山朝揖，众水分流，郁葱雄秀，彩霞飘逸，实为乾坤聚秀之区，阴阳会合之所，这正是踏破铁鞋难以找到的上吉之地。

然而，令众大臣和风水先生感到为难的是，在陵穴之处有一个深水潭，大约亩许，深不见底。据当地土人讲，此潭底部与陵区南面的龙门口相通，两水互流，实为一脉，且潭中经常有蛟龙出没。每逢大旱，当地土人便到此潭祈雨，无不灵验。自昌瑞山辟为陵园，首建孝陵以后，当地人才不敢到此祈雨了。

众大臣知道这件事后，便将相度的结果写成详细的奏折呈递给康熙帝。康熙帝是何等聪明之人，略加思索后说道："待朕亲临阅视，再作道理。"

第二年春季，康熙帝借谒陵的机会，在众大臣的陪伴之下来到东陵的昌瑞山。在拜谒了皇父的孝陵之后，由大学士及各部院大臣陪同来到了大臣们相中的那块风水吉地。但见此处山清水秀，林木葱郁，堂局严密，护砂环抱，果真是宝地。再看那穴处的深潭，约有亩许，深不见底。水潭处于两道山沟的汇合之处，山势陡峭，水流很急，对下部形成了极大的冲击力，年深日久，冲击成坑，积水成潭。一遇阴雨连绵的季节，积水一多，水面必广，水潭四周，山高林密，草木丛生，必然映衬得深不见底，由此便附会出潭底直通十里外龙门口的故事。至于蛟龙出没，祈雨灵验之类的故事，则纯属臆想，不足为信。康熙帝看毕，心中有数，对此处甚为满意，当晚住在马兰峪行宫。

第二天早晨，康熙帝召集众大臣说："昨日夜间，梦见龙王三太子前来见朕，三太子说道：'陛下乃真命天子，统御万邦，治国安民，德泽苍生，福祚绵长，小神由衷敬佩。闻知陛下相中那块宝地，欲作万年吉地，小神情愿迁居龙门口，将此地让予陛下。'朕听后再三推辞。他说：'此乃天意，理应如此，不必谦让。'既然昊天垂鉴，却之不恭，就将此地定为万年吉地，明春就诹吉兴工吧。"

第二年开春，正巧大旱，水位大降，昌瑞山下那个深不见底的水潭缩小得只剩半亩。众臣僚和修陵大臣大为惊异，以为康熙帝所梦到的三太子真的搬家了。有神灵的谦让，工匠们干起活来自然也就格外卖力。为了避免山沟之水冲刷陵寝，康熙帝命建陵大臣在两条山沟下游各接修一条又深又宽的马槽沟，以此疏导山水。然后再让工匠们用 20 个柳条大罐彻夜淘水，不到两天，潭水就被淘干。之后，又经过六年的紧张施工，康熙帝的陵终于建成了。

以上虽然只是传说，但就景陵地势来说，明显比其他陵寝的地势要偏低一些。笔者曾在景陵东侧半里远的景陵妃园寝工作，因工作的需要在景陵和景陵妃园寝附近踏看无数次，也确实感觉景陵地势比其他的陵寝地势较为低洼。

据研究，明清两代皇家陵寝都以形势宗为依据选择自己的陵址。

原来，中国古代建筑选址的风水观念在形成过程中产生了许多的流

景陵妃园寝西班房，笔者曾在这里工作生活了 10 个月

派，按照这些流派的核心取向和具体的操作手法，主要可以分为两大主流，即"形势宗"和"理气宗"。

（一）主要是考察自然地理各方面条件，通过龙、砂、水、穴等要素，以及植被、气候等陵区周围的生态景观因素，来评价风水的好坏，进而作出选择规划，这一类称"形势宗"。

（二）主要通过占星、卜筮、阴阳八卦、五行生克，以及卦理、命理的相生相克来推算风水的吉凶，选择城市、宫宅、陵墓、宗庙等建筑方位和兴造时辰，包含着许多原始巫术和占卜的成分，这一类称"理气宗"。

这就是明清的"形势宗"与"理气宗"之别。前者是风水术的主流，其实践理性的科学性和美学方面都有极高的价值。

因此皇陵选址是陵寝建筑的核心条件，有严密的选择、评价标准，这些标准用风水理论术语表达描述，晦涩玄奥，玄乎其玄。而用现代语言表达，可以简单、概括性地理解为景观、生态、地质、礼制四个方面。

（一）"山苞川拱"的景观标准。

陵寝选址的首要标准就是陵区山水形势格局，也就是陵区的自然景观环境。其中最主要的就是确定山向，也就是对来龙大帐、左右砂山、远朝近案、明堂水口等陵区自然景观的空间环境构成要素，作总体上的权衡。使其表现出尊卑、贵贱、主宾、朝揖、拱卫等关系。其次是山形、山势，也就是说陵区内的主要山峰、山脉要巍峨挺拔，秀丽丰满，特别是靠山和朝山务必要如屏、如帐，形态端庄灵秀。同时，各山峰之间要绵延不断，左右砂山要环抱有情，不避不压。这样，在景观上山水形势由山向统帅，并直接诉诸视觉感受上的高下、大小、远近、离合、主从、虚实等空间形态，显现出明晰的条理秩序，寄托了我国古代"天人合一"的理想，成为具有合于人伦道德和礼制的精神象征符号。

（二）"内气萌生"的生态标准。

陵寝选址要求具有良好的生态环境。具体来说，对于陵区生态质量的评价总是从宏观到微观，从总体到局部，分层次来展开的。首先，要从宏观、总体的角度来评价一个具体选址地点的风水。要求陵区山势层叠深远，重峦叠嶂，云雾缭绕。然后再具体评价所选地点的生态环境。也就是"内气萌生，外气成形；内外相乘，风水自成"。"内气萌生"表现为带水环顾，草木繁茂，郁郁葱葱；"外气成形"表现为堂局开敞平阔，山形内敛围合，藏气聚气。充满生机的林木，对于陵区的生态和景观环境影响极大，历来是评价风水好坏的重要因素，所谓"陵寝以风水为重，荫护以树木为先"。因此，不仅陵寝选址时要选择水草丰茂之地，而且在修建完工之后还要大量种植仪树，以改善小气候，丰富陵区景观环境的空间层次。

（三）"土厚水深"的地质标准。

陵寝选址要求有良好的地质条件，具体说就是"土厚水深，便于营建"。所谓土厚水深，一方面是要"取其地势之高燥，无使水近亲肤"，道光帝在东陵宝华峪营建的陵寝就是因为地宫进水被废止。陵寝是帝王的万年吉地，安放帝后灵柩的地宫无疑是整个陵寝建筑的核心，因此确保工程坚固是陵寝工程的首要任务。然而依靠当时的工程技术水平，很难在地下水位以下进行大规模的施工，更谈不上保证工程质量。因此，要保证地宫坚固，最重要的就是在建设之初，选择土厚水深的风水宝地。

（四）"遵照典制"的礼制标准。

尊祖归宗是清代陵寝建筑的一条重要原则，这一原则在选址之初就必须给予充分考虑，成为陵寝选址的又一主要标准。如道光朝以前各陵除孝陵为长圆式，其余景陵、泰陵、裕陵、昌陵以及宝华峪道光陵，均为圆式。此后惠陵、崇陵，效法定陵制度，呈长圆式。

纵观清朝皇陵，其形式上大多无异于一般宫殿建筑，并无慑人的体量和尺度，但融会于山川之中，却产生了极强的艺术感染力，形成了庄重而又自然的纪念性气氛。究其根源，在于"陵制与山水相称"的设计理念，在于其"相地选址"、"看风水"的过程。因此，康熙帝的景陵选址的确定，正是清朝皇陵风水址理论应用于实际的具体体现，在实地考察过程中，身在其中的人都会感觉景陵风景秀丽，气场凝聚，宁静中祥和、庄重。

三、景陵的规制和特点

景陵位于孝陵东南约二里处的昌瑞山五花岭之南，始建于康熙十五年（1676）二月初十日。建成之后，又在陵寝的隆恩门内暨宝山、砂山等处按形势植树，以资荫护，每行树株因地制宜，其中景陵神路两旁，每行植树九株，景陵共植仪树二万九千五百株。后来，因风水原因，于乾隆三十七年将五花岭上的两峰对口处的一段石墙拆去。

景陵的单体建筑形式与孝陵相同，其建筑规制是仿照顺治帝的孝陵，但减少了部分建筑，却对后世清陵起到了承前启后的建筑蓝本作用。

据实地调查，景陵以象山为朝山，其建筑排列顺序由南往北依次如下：圣德神功碑亭、五孔拱券桥、望柱、石像生、神厨库、牌楼门、神道碑亭、东西朝房、三路三孔拱券桥、东西班房、隆恩门、东西焚帛炉、东西配殿、隆恩殿、陵寝门、二柱门、石五供、方城和明楼、哑巴院、宝城和宝顶，宝顶下是地宫。

景陵神路与孝陵神路相接。

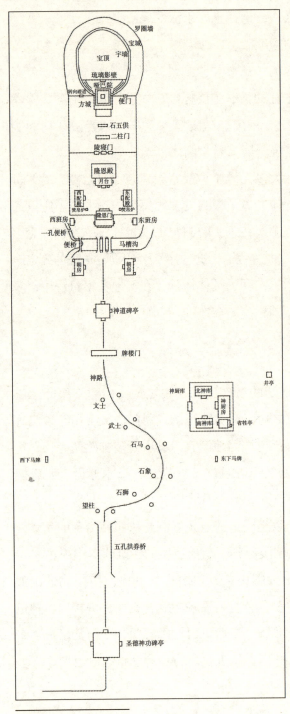

罗圈墙
宝城
宝顶 宇墙
琉璃影壁
哑巴院
转向避道
方城   便门
石五供
二柱门
陵寝门
隆恩殿
月台
西配殿 东配殿
焚帛炉   焚帛炉
西班房 隆恩门 东班房
一孔便桥
便桥 马槽沟
朝房   朝房

神道碑亭

牌楼门

神路
文士   神厨库   北神库
神厨房
武士   南神库
省牲亭
石马
西下马牌   东下马牌
石象
石狮
望柱

五孔拱券桥

圣德神功碑亭

井亭

景陵平面示意图（绘图 徐鑫）

34

据研究和考察，景陵与孝陵及其他清陵比较，其建筑有以下十八个特点：

（一）景陵的圣德神功碑亭，俗称大碑楼，其建筑形式为重檐歇山顶，黄琉璃瓦覆顶，四面檐墙各有一座拱券门，碑亭内正中有一方形石台，台上雕刻海水江崖图案，这个石台被称为水盘，水盘的四角处各雕有一凹形水漩涡，但漩涡内无任何雕刻。水盘的正中设有两个巨大的被称为"赑屃"的石兽，石兽身上立有两统石碑，石碑的碑文是用满、汉两种文字镌刻，其功能是记述墓主人一生的丰功伟绩的。

景陵的圣德神功碑亭是雍正帝所建，始建于雍正三年（1725）四月二十四日，完工于雍正五年（1727）三月二十一日。雍正三年（1725）二月二十二日，雍正帝谕内

景陵圣德神功碑亭粘好的石碑南面　　　　景陵圣德神功碑亭及华表旧影

景陵圣德神功碑亭水盘四角无任何雕刻

阁和礼部，令会议营建圣德神功碑亭的事宜：

> 钦惟皇考圣祖仁皇帝德秉生安，功隆参赞，光被四表，协和万邦，集千圣之大成，超百王而首出，鸿猷骏业，史不胜书。今景陵大礼告成，应择吉日恭建圣德神功碑，备纪耿光大烈，以昭垂万世，永永无极。著内阁、礼部敬谨会议具奏。

随即雍正帝派遣大学士、工部、钦天监堂官等大臣到景陵相度建立碑亭方位，并决定在碑亭内竖立两统石碑，对于竖立两统石碑的原因，当时雍正帝是这样解释的：

> 世祖章皇帝碑文字迹似小，圣祖仁皇帝在位六十余年，功德隆盛，文章字数甚多，一碑不能尽载，宜建立二碑，一刻清文，一刻汉文。其碑若比世祖章皇帝碑亭宽展，恐有未安，即或加宽，必不可以加高，尔等详议，务期合宜。

在清朝，景陵之前的清陵功德碑亭都称为神功圣德碑亭，并且只立一统石碑，自景

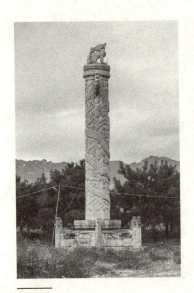

景陵华表

景陵圣德神功碑亭外华表石栏板外面雕龙

陵开始一律都改称为圣德神
功碑亭，并且都立两统石碑。

（二）华表的石栏板内外
雕刻有别。除了景陵圣德神
功碑为双统石碑外，景陵的
圣德神功碑亭外四角的四根
华表，其华表围栏的样式与

景陵华表内面雕龙

其他清陵是一样的，但景陵的华表石栏板内外雕刻却不一样，栏板的外面
雕刻的二龙戏珠的龙头是相对的，而栏板内侧雕刻的二龙戏珠则是一前一
后追逐的，龙头朝一个方向。

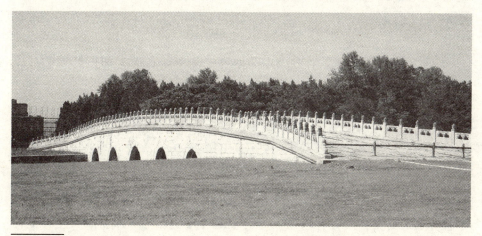

景陵五孔拱桥

（三）景陵的五孔拱券桥在清陵的五孔拱券桥中，其长度为106.35米，
仅比孝陵五孔拱桥短1.51米，在清陵中位居第二位。景陵的五孔拱券桥在
圣德神功碑亭北，桥体全部用青白石构筑而成，桥两边安设有石栏板。栏
板之间的望柱有装饰并起到加固连接栏板之作用。柱身两面做盒子心，柱
头呈桃式。桥的每侧安装了62根，栏板各有61块，也同样雕有和谐的曲
线作为装饰。桥面由13路条石铺成。景陵的五孔拱券桥其规模宏大，起
拱大，曲线优美，恢宏壮观，石料精良，在清陵寝建筑中实为罕见。

景陵弯曲的神路及石像生

（四）景陵的神路是随地势走势而弯曲的，而石像生则正好建在这段弯曲的神路两侧。这在清陵中是最为独特的一例。

（五）景陵的石像生在数量上是五对，由南往北依次为立狮、立象、立马、武士、文士。景陵的石像生在雕刻手法上与孝陵石像生截然不同，增加了雕刻的细节，注重了雕像写实，其装饰也有很大的区别，景陵的石狮小巧玲珑，佩有绶带銮铃；石象头带笼头，身披雕饰云龙的搭背，背托如意宝瓶，寓意"太平有象"；景陵石像生中的石马、武士和文士雕刻，

景陵石像生之石象

景陵石像生之石马

景陵石像生之文士

景陵石像生之武士

景陵石像生之石狮

无论其形体还是神态，与孝陵石像生比较，均清新俊秀很多。

　　据观察，景陵的石像生雕刻风格与乾隆帝的裕陵石像生相同。据考证得知，景陵的望柱和石像生是乾隆朝所补建的。另外，值得注意的是，景陵的石像生与其下面的须弥石座是一块石料所制。

　　（六）在景陵石像生这段神路上，建有一座地下过水涵洞，其位置在石象与石马之间。这在清陵中是唯一的一例。

景陵神路上的涵洞

　　（七）景陵的下马牌位置十分特殊，它的下马牌位置在石像生群的东西两侧，而距离神道碑亭较远。这在清陵中是唯一的特例。

　　（八）景陵神厨库的位置与其他清陵比较，距离石像生位置较近，而离陵宫主建筑较远，这是因为地理地势所限。这是景陵与其他清陵不一样

景陵东下马牌

景陵神厨库外景

的地方。

据《陵寝易知》记载，景陵神厨库的井亭位置在"库东北"。《陵寝易知》上所绘制的陵图显示，"井亭"位置在神厨库北面、东朝房南侧之东。《昌瑞山万年统志》上记载，景陵神厨库的井亭在"垣北"即北墙的北面。然而实地考察，并未发现其井亭所在地点，而且该位置也不适合建井亭，因此尚需进一步考察。

（九）孝陵石像生的北端是龙凤门，景陵的石像生的北端则是牌楼门，两者的建筑形式、名称均不一样。景陵的牌楼门为五间六柱形式的木石结构，六根四棱石柱为建筑支架，以中间两根为最高，石

景陵牌楼门

柱上端为须弥座，须弥座上设有蹲龙（俗称其为望天犼），东三柱上的蹲龙面朝西，西三柱上的蹲龙面朝东，建筑精巧，别具一格，与孝陵龙凤门有相同功能却有不同的建筑形式，各有千秋。在清陵中，景陵是首建牌楼门。在以后的清陵中，除了泰陵、昌陵、慕陵外，其他清陵均为牌楼门。

（十）景陵的神道碑亭位于牌楼门以北、马槽沟之南的神路上，与圣德神功碑亭形制相似，都是重檐歇山顶，四面檐墙各有一座拱券门，只是形体要小很多，建筑功能不同，故神道碑亭又俗称小碑楼。神道碑亭内正中设有一长方形石台，称之为水盘。水盘上雕刻有海水江崖图案，水盘四角各雕刻一水漩涡，里面分别雕刻有鱼、龟、虾、蟹四水族，水盘之上是一个被称为"赑屃"的石兽，赑屃上立有一统石碑，因其石兽的样子像王八，故民间俗称王八驮石碑。石碑上用蒙、满、汉三种文字镌刻康熙帝的

景陵神道碑水盘之龟

景陵神道碑水盘之蟹

景陵神道碑水盘之鱼

景陵神道碑水盘之虾

景陵神道碑亭石碑

景陵神道碑亭

庙号和谥号，蒙文居左、满文居中、汉文居右，其全部文字为：圣祖合天弘运文武睿哲恭俭宽裕孝敬诚信功德大成仁皇帝之陵。

　　与孝陵比较，景陵的神道碑亭的位置发生了显著变化，孝陵的神道碑亭位于马槽沟以北。景陵神道碑亭则在马槽沟以南，后世清陵中除了泰陵和昌陵外，裕陵、慕陵、定陵、惠陵和崇陵的神道碑亭也是这样的布局。

　　（十一）景陵的神道碑亭的石碑碑文汉字是雍正帝御笔书写，并且碑文末尾还刻有"雍正尊亲之宝"汉宝文。不仅如此，景陵的隆恩门、隆恩殿、明楼三处的斗匾以及明楼内的朱砂碑碑文，其汉字也都是雍正帝御笔，并且钤盖（刻）"雍正尊亲之宝"六字宝文。

　　雍正元年（1723）八月初十日，雍正帝召见九卿及南书房翰林，对他们说：

　　　　景陵碑匾事关重大，诚亲王、淳亲王素工书法，朕已令其书
　　写。翰林中善书者亦令其恭写。朕早蒙皇考庭训，仿学御书，常

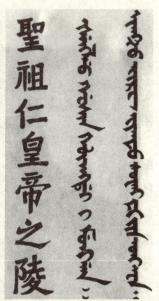

景陵神道碑亭中的石碑碑文　　　　景陵神道碑上之"雍正尊亲之宝"宝文　景陵朱砂碑之满汉文碑文（临摹）

荷嘉奖。今景陵碑匾，朕亦敬谨书写。非欲自耀己长，但以大礼
所在，不亲写于心不安。尔诸臣可公同细看，不必定用朕书，须
择书法极好者用之，方惬朕心。

诸王公大臣听出了雍正帝话中的玄妙，于是雍正帝的御笔文字自然中
选，对此，大臣们却都十分恭维地称颂雍正帝的书法说：

御笔之妙，天矩自然，而仁孝诚敬之意流溢于楮墨之间，正
与陵寝大事相称。圣祖仁皇帝在天之灵实为欣慰。

由于雍正帝开创了皇帝御书碑、匾及碑匾上用宝之先例，于是自景陵
之后，帝、后陵碑（圣德神功碑碑文除外）、匾上的文字，除惠陵外都是
由嗣皇帝亲自书写，并钤盖（刻）嗣皇帝（印）即"某某尊亲之宝"宝
文。景陵的这种做法日后成为定制。

景陵隆恩殿斗匾

景陵明楼斗匾

（十二）景陵的神道碑、隆恩门斗匾、隆恩殿斗匾、明楼斗匾和朱砂碑上的三种文字，均是蒙文居左（东）、满文居中、汉文居右（西），并且三种文字字体大小都一样，不再是孝陵碑匾上三种文字中只有满文字体较大，其他两种文字较小。景陵的这种做法日后也成为定制。

（十三）景陵的东西朝房位于神道碑亭以北、马槽沟之南，与孝陵的朝房位置不同，孝陵的东西朝房位于马槽沟以北，后世的清陵中只有裕陵效仿之。这是景陵规制的一个很明显特色。

景陵西侧马槽沟上的便桥

（十四）景陵的马槽沟形状为东宽西窄较为特殊，并且马槽沟上正面只建有三座三孔拱桥，在西侧马槽沟分叉的狭窄处建有两座连接跨越两条分叉窄沟的南北向

景陵隆恩门月台西侧礓磜

小平便桥，在陵院西墙外的马槽沟沟底建有一口砖砌井口的水井，水井的深浅不知，水井的用途也不知。但将水井建在马槽沟里，这在清陵中是唯一的特例。

（十五）景陵隆恩门前的月台高低与孝陵差不多，而与其他清陵比较则低，并且月台前（南面）的礓磜也是青砖铺设，月台东西两侧也是砖礓磜。可以看出这些工程做法明显是仿照孝陵的，属于继承孝陵规制。自景

景陵方城前无玉带河

景陵宝顶旧影

景陵哑巴院东蹬道

陵之后所建清陵，对这些细节都有明显改变，即月台前礓磋用料由青砖改为石料，月台两侧小礓磋改为石踏跺。

（十六）景陵的陵寝门前和方城前，均没有设玉带河。而孝陵则在这两处都建有玉带河。因景陵这两处没有设玉带河，所以泰陵和昌陵在这两处也没有设玉带河。因为泰陵是仿照景陵营建的，而昌陵又是仿照泰陵营建的，除此之外，关内的其他清帝陵陵寝院内均设有玉带河，用于排泄雨水。

（十七）景陵哑巴院内的东西两侧磴道，改孝陵直线形为圆弧形。日后泰陵、裕陵、昌陵也效仿之。

（十八）景陵的宝顶和宝城形状，改孝陵宝顶和宝城的长圆形为近乎圆形，这成为泰陵、裕陵和昌陵效仿的蓝本。

四、景陵的改革

往往人们在研究时都特别注重实地考察，研究景陵建筑位置的特点和建筑创新，并不注重对景陵在历史进程中体现的价值和意义，而据笔者研究，景陵除了有十八个较为显著的特点和创新外，在陪葬制度和丧葬制度上，它还有自己独特的两项改革和创新。

（一）景陵在陪葬制度上的改革和创新。

1. 景陵开创了帝陵先葬皇后之制。景陵之前的永陵、福陵、昭陵、孝陵四座清陵，或帝后同时入葬，或皇后晚于皇帝入葬。康熙帝的孝诚仁皇后、孝昭仁皇后于康熙二十年（1681）入葬景陵，孝懿仁皇后于康熙二十八年（1689）入葬景陵。这三位皇后入葬后，没有关闭地宫石门，只是在地宫入口处临时安一道木门，以待皇帝。直到雍正元年（1723）九月初一日康熙帝、孝恭仁皇后入葬后，才把地宫石门关闭，填平隧道，大葬礼成。自景陵首创帝陵先葬皇后之制，裕陵、昌陵、慕陵也都采用了这一做法。

2. 景陵首开皇帝陵内从葬皇贵妃的先例。雍正帝在谋取皇位的斗争中，他的众兄弟大都与他离心离德，有的甚至成为仇人，唯独十三弟胤祥对他最为忠心，使雍正帝深受感动，因此视胤祥为心腹。于是雍正帝即位后不仅给了胤祥以重要职务，就连胤祥的生母章佳氏也身后地位大增。雍正元年（1723）六月，雍正帝将已死二十四年之久的敏妃章佳氏追封为敬敏皇贵妃，连升二级，并从葬景陵。这无论对胤祥和章佳氏家族来说，都是难得的殊荣和恩典。自景陵首开皇帝陵内从葬皇贵妃的先例后，泰陵、裕陵内也都入葬了皇贵妃。

（二）景陵在丧葬制度上的两项改革。

1.禁止活人殉葬。殉葬是指被迫或者所谓的"自愿"的非正常的死亡。而殉葬是满族旧有的丧葬风俗，对此《宁古塔志》记载：

> 男子死，必有一妾殉。当殉者必于主前定之，不容辞，不容僭也。当殉不哭，艳装而坐炕上，主妇皆下拜而享之。及时，以弓弦扣环而殒之。倘不肯殉，则群起而扼之死矣。

因此，天命十一年（1626）努尔哈赤死后，努尔哈赤的大妃阿巴亥与另外两个庶妃同时殉葬。顺治十八年（1661）顺治帝病死，尽管当时没有明令令活人殉葬，但还是有一男一女为之自尽，男的叫傅达礼，死后被埋葬在清东陵风水墙外的东侧。女子被康熙帝追封为贞妃，最后葬入孝东陵。自康熙朝开始，清朝开始严禁活人殉葬。

2.自皇后开始，死者不再火化。火化本是满族旧俗，历史上的满族常年游牧四方，迁徙不定，先人亡故后，因不忍远离，即在荒野中用木柴将尸体焚化称之为火化，火化后的骨灰可以随身携带，因此借此种方式来寄托对亡者的哀思。在《世祖章皇帝实录》中这样记载清朝早期的丧葬习俗：

> 和硕亲王薨，停丧于家，俟造坟完方出殡，期年而化（即火化）；多罗郡王、多罗贝勒停丧五月出殡，七月而化；固山贝子以下、公以上停丧三月出殡，五月而化；其应会丧官员。必俟殓后、方许回家。出殡、上坟、会集、俱照定例。官民定丧一月出殡，三月而化。不许踰定期。如在定期内、出殡焚化者听。上坟，亦听其自便。

火化后的骨灰先盛在布袋或锦袋中，然后置于瓮罐（即骨灰罐）内，再埋于地下。为区别皇帝与他人的尊卑等级，皇帝的骨灰罐装在金或银制的宫殿式器皿内，称作宝宫。辽宁省的永陵、福陵和昭陵的墓主人即是按此种丧葬风俗火化入葬的。顺治帝崩逝时，由于满族入关不久，尚保留有许多旧有的风俗，顺治帝又是信奉佛教，故他的遗体由茚溪森禅师在北京景山火化，火化后的骨灰装进骨灰罐入葬孝陵地宫。因此，景陵以前的清朝四座皇帝陵，埋葬的帝、后都是火化后安葬的骨灰罐，这种骨灰罐在官书中被称为"宝宫"。

康熙帝读书像

　　康熙帝即位后，学习并崇尚汉文化，他提倡和推广汉文化的同时，也借鉴和发展了汉文化，其中就包括汉文化中的丧葬礼仪。他认为汉文化丧仪中"人死入土为安"是对生命最大的尊重，人来源于自然，死后就要回归自然。他这样解释说：人死后，用棺椁埋葬，筑坟植树，是为了厚人伦，行孝道。因此，康熙帝的原配孝诚仁皇后死后，其尸体并没有火化，而是棺椁装殓入葬的。孝昭仁皇后死后，同样没有火化，也是棺椁入葬的。然而，皇后死后不再实行火化，并不是一个完整全面的改革，只能算是满族丧葬风俗变化的一个开始。因为这时候开始禁止的火化，只局限于皇室中的皇帝、皇太后、皇后、皇贵妃、贵妃、妃和嫔，而皇帝较为低级的贵人及贵人以下位号的妃嫔，以及年幼的皇子、皇女等皇室成员乃至满族平民，依然采用火化埋葬。如康熙二十二年（1683），孝懿仁皇后佟氏所生的皇八女，出生仅仅二十五天就死了，其入葬的方式依然是火化。康

乾隆帝朝服像

熙帝对此解释道：

> 我朝之先例，幼童概不制棺。如若事出，切勿制棺，并不论
> 何时，即于彼时用单被裹出，送一净地火化，勿殓勿埋，自然
> 了之。

康熙帝为什么要这么做呢？对此，他是这样解释的：

> 因系尚未满月之乳儿，朕并无思恋之处。朕在此亦不露声色，
> 不令人知道。

出于这种考虑，康熙帝的早殇皇孙，也是这么处理的。康熙四十三年
（1704），雍亲王胤禛（即雍正帝）的长子端亲王弘晖死后，依旧是火化后
入葬的。

据《清实录》等官书记载，彻底改变清朝火化丧葬制度的是康熙帝的
孙子——乾隆帝。乾隆帝即位不久，即下令满族人丧葬一律不准火化。

雍正十三年（1735）十月二十日，刚刚即位的乾隆帝深受祖父康熙帝
的影响，在大量接受汉文化的时候认为："火葬"是"夷法"、"违反孝道"，
甚至是一种"伤风败俗"，是社会文明的倒退，只有罪恶深重的人才会焚
尸灭迹，使其断子绝孙，永世不得超生。对此，乾隆帝这样解释说：古时
候，人们在埋葬死者时，都是隆重而奢华，后人为了表达自己的孝心，都
是将其装殓在棺椁之中。本朝发迹关东，因打仗而迁徙无常，遇到父母之
丧，将骨灰随身携带，以遂不忍分离之愿，这是时势所迫，不得已而为
之。而今天下太平，八旗、蒙古各自安居乐业，为了敬重祖宗基业，丧葬
应该依照古礼，原先的那些偏远的旧习俗，如果现在还在使用，那是不清
楚当时的社会环境所致。送死最为大事，怎能不因时而异、痛自猛醒呢？
因此，乾隆帝特意在一道谕旨中明令规定道：

　　嗣后，除远乡贫人不能扶柩回里、不得已携骨归葬者姑听不
禁外，其余一概不准火化。倘有犯者按例治罪。族长及佐领隐匿
不报，一并处分。

　　由此可见，启动满族丧葬文化改革的是康熙帝，他在学习汉族传统丧
礼特别是明朝丧礼的基础上，因时定制，取其精华，并通过补充和添加满
族民族风俗特点的方式，才初步形成了后世的清宫丧葬制度，也因此开创
了清朝帝、后死后土葬的先河。自康熙帝起，清朝皇帝均开始沿用土葬新
方式，在此影响下就连一些朝野臣民也改火化风俗为汉化的土葬了。

　　因此，康熙帝的皇后死后不再火化，是清朝新丧葬文化形成的开始，
于是景陵成为清朝第一座实行土葬的陵寝。

第三章

景陵的那些事

雍正帝在办理康熙帝丧事过程中，处处竭尽全能展现孝心，并为此独特创造出了自己特色的礼仪制度。在康熙帝棺椁移奉陵寝及葬入地宫的前后，档案上记录了雍正帝极尽全力好一阵的忙碌。本来，康熙帝是不信奉天降祥瑞的，由于雍正帝对此津津乐道，于是在康熙帝景陵的隆恩殿里，供奉上了景陵生长的祥瑞之物——灵芝。

一、雍正帝的孝心

康熙六十一年（1722）十一月十三日戌刻康熙帝死于畅春园后，雍正帝亲为康熙帝遗体更衣，遵用孝庄文皇后制赐御服。当天深夜，在雍正帝的亲自护卫下，康熙帝的遗体被送回紫禁城的乾清宫安奉。

十一月十四日，戌刻，康熙帝遗体大殓装入棺椁。雍正帝特令诸王贝勒、文武大臣进乾清门，公主、王妃进乾清宫瞻仰康熙帝遗容，自己则捶胸顿足，哀伤呼号。之后为了守灵，雍正帝居住在乾清宫的东庑。"昼必席地，夜必寝苫。每日上香、奠礼凡五次，哭必尽哀。"为了安慰悲伤过度的皇太后，雍正帝每天夜里还要到自己的生母——孝恭仁皇后那里问候。

十一月十六日，宣读康熙帝遗诏，颁行天下。群臣商议康熙帝棺椁停灵处所时，众说纷纭，有说停灵南海子的，有说应该停灵郑家庄的，雍正帝对这些停灵地点都不满意，他认为停灵处应该离自己较近才好，这样他可以方便早晚祭奠，由于考虑到顺治帝的棺椁曾在景山寿皇殿停灵，因此他决定景山的寿皇殿为康熙帝的停灵处。对此，他是这样解释的：

> 朕受皇考深恩，如天罔极。忽升仙驭，攀恋无从。惟有朝夕瞻近梓宫，稍尽哀慕之忱。今王大臣等所议安奉之处，或在南海子，或在郑家庄。此二处隔越郊外，离宫禁甚远，朕心不忍。缅惟世祖章皇帝大事时，曾安奉景山寿皇殿，朕意亦欲安奉于景山寿皇殿，庶得朝夕前往，亲行奠献。

于是，雍正帝命总理事务王大臣速行修理景山寿皇殿，以便停灵康熙帝棺椁。

十一月二十日，雍正帝在太和殿即皇帝位，年号"雍正"，寓意为皇位得来的光明，为君端正。定明年为雍正元年。

十一月二十四日，总理事务王大臣奏请雍正帝亲定康熙帝谥号和庙号。庙号，是皇帝死后为其神牌升祔太庙所得到的称号，一般都称"某祖"或"某宗"。本来，只有开国皇帝和初期建立并有特殊功勋的皇帝，才能称"祖"，后世皇帝多称"宗"。清朝，努尔哈赤的庙号称为"太祖"，皇太极的庙号称为

雍正帝朝服像

"太宗"，顺治帝因为是入关第一帝，并开创了清朝统治历史新纪元，因此被称为"世祖"。按照旧典，康熙帝死后其庙号应该称"宗"。但雍正帝对此却有自己的看法，他认为康熙帝的庙号应该称为"祖"，为此他是这么说的：

> 皇考大行皇帝尊谥、庙号，诸王大臣等请朕亲定。朕思子臣尊崇君父之心，何有止极。然必须至允至当，方孚千秋定论，若少有溢美之词，不独失天下之至公，且开后人之僭越，是因臣子愚忠愚孝，转将君父盛德大业之实行涉于赞颂之虚文，朕心殊不安也。我皇考大行皇帝缵继大统，旧典本应称"宗"，但经云："祖"有功而宗有"德"。我皇考鸿猷骏烈，冠古轹今，拓宇开疆，极于无外，且六十余年手定太平，德洋恩溥，万国来王，论继统则为守成，论勋业实为开创。朕意宜崇祖号，方符丰功。但追崇大典攸关，理应佥谋共协。尔诸王大臣等会同九卿、詹、事、科、道，文六品以上、武四品以上，详考旧章从公确议。

雍正帝的解释大概意思是说：我父皇继皇帝位后，死后按照旧有的规定，应该称为"宗"，但是古典说的是"称祖是有功的人，而称宗则是有品德的人"。我父皇在位时间六十余年，不但有功而且有品德，由于"功"和"德"这两点他都占有了，所以我的意思就是称父皇庙号为"祖"，只有这样才能表达出他对大清国的贡献无法估量。

十一月二十八日，诸王、贝勒、贝子、公、文武大臣官员等议奏大行皇帝尊谥、庙号。由于雍正帝的坚持，遵照雍正帝的用意，诸王大臣经过一番讨论后，找到了康熙帝的庙号用"祖"的理由，一致给予了合情合理的解释，并加以了更深层的用字含义即"祖"字之前必须用"圣"字更恰当，于是将最后的议论结果上奏给雍正帝：

　　谨按《传》云："为人君，止于仁。"《礼运》云："仁者，义之本，顺之体也，得之者尊。"《说文》云："在天为元，在人为仁。"故《易》曰："元者，善之长。仁者，德之首。"大行皇帝体元立政，茂育群生，以义制事，绥安兆姓。史称帝尧，其仁如天。惟大行皇帝实与并之。又按《礼经》云："有虞氏禘黄帝而郊喾，祖颛顼而宗尧。"而《尚书·舜典》云："舜格于文祖。"释者谓："文祖，尧庙也。"又归格于艺祖，释者谓："艺祖，尧之祖也。"合之祖颛顼之文，则有虞氏有三祖矣。宋臣陈祥道云："凡配天者，皆得称祖。"故国语、展禽、有虞氏祖高阳而郊尧之说。尧所以称"文祖"也，颛顼至尧皆黄帝子孙，而皆称"祖"。又周礼，大宗伯、祫禘追享朝享。解云："古者朝庙合群祖而祭焉，故祫谓之朝享，以合群祖为不足，又禘其祖之所自出。故禘谓之追享，夫祖之所自出，始祖也。而其下曰：群祖则自始祖以下皆可称祖矣。"又谥义曰："帝王功业隆盛。"引古者，祖有功之义得称"祖"，此皆经书可据者。臣等窃谓惟"圣"字可以赞扬大行皇帝之峻德，惟"祖"号可以显彰大行皇帝之隆功，恭拟敬上。尊谥曰："合天弘运文武睿哲恭俭宽裕孝敬诚信功德大成仁皇帝。"庙号曰："圣祖。"

按照诸王大臣说法，康熙帝之所以被尊为"祖"，是因他有开疆扩土之功，御驾亲征，击退噶尔丹，又能治国安邦，善于管理；他运筹帷幄，决胜千里，取得了对三藩、沙俄的战争胜利；收复台湾，显示了康熙帝卓越的军事才能。而"圣"在这里则是指康熙帝是一位道德、品行、智能都极高超的人间理想人物。

雍正帝见到诸王大臣上的奏折，看到达到了自己的目的，自然非常满意，于是当天再次召见诸王大臣等，谕曰：

诸王大臣、官员俱深悉我皇考一生神圣实行，同心合词，恭上尊称，无一人异词，甚惬朕怀，朕之哀思，庶可稍释。

谕毕，雍正帝用针刺中指出血，将奏文内的"圣祖"二字圈出，敬恭高捧，交与大学士等赍出。

雍正元年（1723）二月十九日，正式举行追尊康熙帝谥号、庙号典

圣祖仁皇帝谥宝

圣祖仁皇帝谥宝文

礼。其中，康熙帝谥宝宝文为：圣祖合天弘运文武睿哲恭俭宽裕孝敬诚信功德大成仁皇帝之宝，并于当天颁诏天下。经过加谥，到乾隆元年三月止，康熙帝的最后谥号全称为：合天弘运文武睿哲恭俭宽裕孝敬诚信中和功德大成仁皇帝。皇帝的名号全称是由庙号、谥号和庙谥三部分组成，因此，康熙帝的正式名称的全称为：圣祖合天弘运文武睿哲恭俭宽裕孝敬诚信中和功德大成仁皇帝，简称：圣祖仁皇帝。

十一月二十八日，雍正帝谕内务府总管等诸王大臣，令人收拾养心殿，准备搬到那里居住，对此他是这样解释的：

养心殿斗匾

朕持服二十七日后应居乾清宫，朕思乾清宫乃皇考六十余年所御，朕即居住心实不忍，朕意欲居于月华门外养心殿。著将殿内略为葺理，务令素朴。朕居养心殿内守孝二十七月，以尽朕心。

雍正帝的意思是说，乾清宫是皇父生活居住六十年的地方，我要是还居住在那里，是于心不忍的，因此我决定搬到月华门外的养心殿居住。你们将那里的屋子稍加修整，一定要素朴。我要在养心殿守孝二十七个月，以尽我的孝心。自此，养心殿成为后世皇帝居住的寝宫。

十二月初一日以奉移大行皇帝梓宫安奉寿皇殿日期行告祭礼。致祭时，雍正帝望着祭品失声恸哭，他对诚亲王允祉等人说道：

皇考明年七旬大庆，吾兄弟等方思万寿圣节，在畅春园尽诚

致敬，供奉甘旨，与四海臣民共效无疆之祝。岂意今年此日，乃
于乾清宫作如此陈设耶。

言罢，雍正帝再次恸
哭，"诸王皆伏地号恸。
大臣近侍在左右者，咸感
泣不能仰视"。

十二月初三日，恭移
康熙帝棺椁奉安寿皇殿。
奉移之前行奉移礼，焚烧
纸锭二万、纸钱六万、五
色钱锭五万、烧酒饭二十
桌、整羊九只。康熙帝棺

景山寿皇殿

椁移出景运门后，安置在 80 人抬的大升舆上，雍正帝亲自送至景山寿皇
殿。王公大臣按等级分别在康熙帝棺椁经过的东华门外南池子口、东安门
内大街、骑河楼口、沙滩口等地跪送康熙帝棺椁。对此，《世宗宪皇帝实
录》上有这样的记载：

上（雍正帝）先于梓宫前亲奠，呼抢擗踊，痛哭尽哀。灵驾
由景运门出，升大舆，上西向跪哭随行。是日，卤簿全设。内大
臣、侍卫俱在乾清门外分翼跪列。总理事务王大臣、内务府、礼
部、工部大臣等，俱在两旁敬谨护侍。其余王以下、公以上文武
满、汉大臣等，俱分翼齐集，候梓宫至。跪迎毕，号哭随行，声
震衢路。梓宫入殿门，上于东首跪迎。皇太后率同太妃、皇后妃
嫔等预俟于殿内，皆跪迎。随安奉梓宫毕，上行奠祭礼，号哭
尽哀。

以后，雍正帝每日黎明，诣寿皇殿献食三次。每献毕，于观德殿席地坐。有应奏事件，仍命照常呈进，至日晡，方回苦次。这样的日子长达一月之久。

为了永久地怀念和追念自己的皇父，雍正帝还做出了令后人效仿并成为制度的两项新举措。

（一）绘制并在寿皇殿供奉康熙帝和自己生母的画像。康熙帝死后的一个月即康熙六十一年十二月十五日，雍正帝命善于绘画的莽鹄立绘画圣祖圣容。当时雍正帝是这么对怡亲王允祥等人说的：

> 朕受皇考深恩四十余年，未尝远离，皇考升遐，无由再瞻色笑，今追想音容，宛然在目。御史莽鹄立精于写像，昔日随班奏事，常觐圣颜。皇考有御容数轴，收藏内府，今皇考高年，圣颜微异于往时，著莽鹄立敬忆御容，悉心薰沐图写。

十二月二十七日，莽鹄立将绘成的康熙帝画像捧进养心殿。雍正帝见到画像，"瞻仰依恋，悲恸不胜。命俟梓宫发引后，敬谨供奉于寿皇殿。"雍正元年（1723）四月十五日，康熙帝画像被供奉在景山寿皇殿内。不久，雍正帝又将其生母孝恭仁皇后圣容供奉于寿皇殿，并由此还制定了一系列祭祀制度。

（二）在养心殿东佛堂供奉康熙帝和自己生母的神牌。雍正帝考虑太庙、奉先殿虽然供有皇父和生母孝恭仁皇后的神牌，但到那里去上香行礼是受日期和规定限制的，不是哪天去都可以的，而且这两个地方距养心殿很远，去那里很不方便，而如果将神牌供设在皇帝的寝宫养心殿的东佛堂内，则每天早晚随时可以去瞻礼膜拜，极为便利。于是，他就将康熙帝和孝恭仁皇后的神牌供奉在养心殿的东佛堂，并经常到那里瞻拜。雍正帝的这一做法，日后为后世清帝所效仿，并成为制度。

紫禁城养心殿

这是供奉在养心殿的康熙帝神牌，神牌上汉字为"圣祖仁皇帝大恩皇考圣灵之宝位"。这种只有汉字并且底座有雕刻的神牌，只在养心殿供奉。

二、被葬入地宫的前后

雍正元年（1723）三月二十一日，为康熙帝棺椁奉移山陵事，礼部上奏雍正帝，称"廷臣援宋、明二代礼，谓嗣皇帝不亲送梓宫"，"礼臣议奉安地宫后，题太庙神主，令亲王敬奉还京"。对于礼部的这些议奏方案，雍正帝并不认可，他谕礼部说：

> 明季帝王皆不亲送梓宫，故令亲王大臣奉主回京。朕既亲往，若不躬奉神主，于心何安？俟山陵事毕，点主礼成，朕亲奉皇考神主回京。途间如何分站，及先还预备奉迎之处，一并详议具奏。

奉移的前三天即三月二十四日，雍正帝行祖奠礼，在当场雍正帝"攀恋哀切，号恸失声"，悲痛异常。

雍正元年（1723）三月二十七日，雍正帝及皇太后、皇后、妃嫔等人护送康熙帝棺椁奉移到遵化境内的昌瑞山下的景陵。在北京到遵化景陵的沿途设芦殿五座，供康熙帝棺椁停宿。雍正帝率诸王大臣亲自护送，皇太后率皇后、妃嫔等走另一条路，先到停宿地——芦殿汇集。每天早晚，均在黄幔城外陈设卤簿，行朝奠礼、夕奠礼，百里以内文武官员都赶来跪迎、举哀。沿途穿门过桥，派大臣祭酒、烧纸钱。对此，《世宗宪皇帝实录》上有这样的记载：

> 丙午（二十七日），圣祖仁皇帝梓宫发引。上诣寿皇殿，望见殿门，即哀恸不胜。行奠献礼，擗踊悲哀，群臣皆伏地痛哭。礼毕，上攀恋梓宫，哀号良久，群臣环跪固请，上悲恸不止。随恭奉梓宫升大升舆，上步从，哭不停声。和硕亲王以下，满、汉一品大臣以上，齐集殿门外跪送；满、汉二、三品大臣，齐集景山东门外跪送；满、汉四品官员齐集朝阳门外跪送；不随往陵上各官，俱步从至朝阳门关外跪送。及梓宫至，群臣感念先持高厚洪恩，无不瞻恋悲痛，号恸之声，震彻远近。皇太后率圣祖妃嫔及皇后妃嫔等由别道行，先至芦殿。上预诣芦殿，躬亲详视，恭俟梓宫至，哭泣跪迎于黄布城北门外，奉安梓宫于芦殿，行夕奠礼。自是每日黎明，芦殿行朝奠礼毕，跪送梓宫启行，出黄布城南门，上先由别道至前途芦殿，行夕奠礼如前仪。每日早晚，诣皇太后行宫问安，圣躬劳瘁，未尝稍间，沿途哀恸，悲不自胜。道路所经远近村庄，士、农、工、贾，白叟、黄童，仰沐圣祖仁皇帝六十一年深仁厚泽，皆扶携奔走，遥望梓宫，叩颡哭泣，上益增悲恸云。

四月初二日，康熙帝的梓宫到达景陵后，停放在隆恩殿。雍正帝"以梓宫安奉山陵享殿，大礼克尽，而思慕哀恸不能自已"，于是打算"欲留驻山陵数日"，诸王大臣恳请回銮，经过再三"陈奏"，雍正帝这才取消了留住山陵的念头。但命皇十四子贝子允禵留在陵寝附近汤泉居住，"俾得于大祀之日，行礼尽心"。为了加强陵寝的保护，雍正帝谕：

> 朕念皇考陵寝如照定例，止令总管关防守护，朕心实属不忍。
> 将朕诸弟内派一人封以王爵，子侄内派二人封以公爵，永代朕身
> 守护外，派大学士一员、尚书二员、侍郎二员、领侍卫内大臣一
> 员、内务府总管一员、副都统二员、散秩大臣二员、乾清门侍卫
> 四员、御前近侍卫四员、侍卫四十员。伊等缺出停补。

这些被派看守景陵的人，分别是愉郡王允禑、奉恩辅国公鲁斌、奉恩辅国公法尔珊、大学士萧永藻、领侍卫内大臣宗室公景恒、散秩内大臣和硕额驸松阿延、散秩内大臣巴扎尔、武格，都统侯马三奇、石文英，尚书开音布、陈元龙，散秩内大臣兼副都统塔穆巴、副都统胡弼图、侍卫穆尔泰、周道新，内务府总管董殿邦。

御前侍卫四员：关保、佟保、桑格、常明。

乾清门侍卫四员：宗室额滕吉、吴善、鄂伦达、觉罗观音保。

四十员侍卫中有：

头等侍卫三员：德保、马口、法喀。

二等侍卫七员：觉罗凤格、觉罗萧格、刘保住、巴尔萨、常保、保住、七十三。

三等侍卫十八员：安楚护、盖州、四海、常寿、噶迈、觉罗砗内、喀尔满色、德麟、佛保、萨哈达、辉玉、那颜泰、酸住、邦恺、邵西颜、拴住、巴尔虎达、恩特。

蓝翎侍卫十二员：查克信、仓米、伍什泰、萨郎、阿拉达哈、吹扎布、索住、鄂齐尔、偏图、达海、苏伦泰、马思哈。

为了给这些侍卫提供良好的居住地，雍正帝又命在马兰峪城南建立侍卫城，侍卫城周围二百四十四丈，供侍卫们居住。

为了加强管理，雍正帝在派出这些人的同时，还做出了如下的规定：

凡驻守官员等令大学士总领巡查事务，令领侍卫内大臣、公管理。内务府
人员及太监等，交与内务府总管。前郎中提督旧用关防缴部，将关防内增
入"景陵"字样，另行铸给，并开始设立陵寝总理衙门，添设主事二员、
笔帖式二员。

五月二十三日，雍正帝的生母仁寿皇太后即康熙帝的孝恭仁皇后死于
永和宫。

六月二十五日，追封康熙帝的敏妃为皇考皇贵妃。

八月初十日，雍正帝亲书景陵碑、匾上的文字。

景陵哑巴院

景陵哑巴院内的琉璃影壁下面即为地宫入口

九月初一日，康熙帝棺椁和孝恭仁皇后棺椁先后葬入景陵地宫。据
《世宗宪皇帝实录》记载：康熙帝棺椁和孝恭仁皇后棺椁奉安地宫时，自
西北的天空飘来五彩祥云，环绕景陵上空，久久不散。随后，雍正帝在隆
恩殿行恭题神主（即神牌）大祭礼。是日，以山陵礼成，遣官告祭暂安奉
殿、孝陵、孝东陵。

对于康熙帝棺椁奉安景陵地宫的仪礼过程，清东陵守陵官员记录的
《昌瑞山万年统志》上有较为详细的记载，这里不再赘述。

雍正元年十月十八日，雍正帝决定在康熙帝"百天"祭日这天即十一
月十三日亲自到景陵行期年致祭礼。然而，王大臣们对此却持反对意见。
于是在十一月初五日这天，满、汉文武大臣等以今年雍正帝已经到景陵两
次，季节即将冬至，"行圣祖仁皇帝配天大礼"需要斋戒、"不宜更有悲伤

之事"为由，建议雍正帝"以礼制情"，停止亲自到景陵行礼。对于诸大臣的建议，雍正帝颇为满意，于是便以为了减少地方百姓负担为借口，答应终止亲往景陵之行，只是派遣皇子到景陵行期年致祭礼，其随往大小官员于各部院，照例派三分之一前往。

雍正二年（1724）三月十一日是清明节，雍正帝到景陵行上土礼。上土礼又称敷土礼，清陵的清明大祭这天，皇帝或钦点王公要到宝顶为先皇宝顶添加净土的礼节。康熙三年规定："每岁清明，于各陵上土十有三担，承祭官、总管、掌关防官率官兵十有三人，升宝顶上土。豫于界外取土，储各陵垣外洁净处候用。"在清明节这天，雍正帝亲着黄布护履，躬荷土担登宝城，由东磴道升天桥，膝行至宝顶中间，跪上土毕，匍匐退行，尽诚致敬。然后大臣十二人着黄布护履，各担土担跪上毕、退。雍正帝到隆恩殿行大祭礼毕，由隆恩殿左阶下来，即恸哭入陵寝门至宝顶前，伏地哀泣。王大臣等敦劝良久，雍正帝这才出来，并站在隆恩门外，"犹瞻望移

景陵宝城上的东石栅栏门

时，然后回銮"。

自此，凡是行敷土礼时，主祭者的脚上都要穿上黄布鞋套，跪进添土，然后退回，成为制度。后来到了乾隆朝，为了既能保护宝顶还能尽孝心，乾隆帝规定：敷土礼改十三担土为一担土。

到了嘉庆朝，敷土礼又有所改变，并自此形成新的定制：

> 清明恭遇躬行上土礼，于祭前二刻，礼部太常寺堂官二人，恭导内大臣二人，后扈王公大臣二人随进，一人荷土。皇帝素服进至明楼方城下，亲荷土，王、公、大臣二人前后翼卫。礼部太常寺官员，由楼东磴道升方城，至东石栏。王公大臣以二筐并为一筐跪进，众皆止。皇帝奉筐升，跪奠土于顶。降，授筐，王公大臣跪受。礼部太常寺官恭导，由原路出至隆恩门外，入大次。俟奉请神位毕，行大飨礼如仪。
>
> 每年清明前一日，帝、后、皇贵妃、皇太子各供大佛花一座；贵妃、妃、嫔、贵人、答应、常在、福晋、格格各供小佛花一座。于岁暮祭日焚化，系石门工部造送。

三、隆恩殿里藏着宝贝

陵寝举行祭祀的主要场所是隆恩殿，又称享殿，俗称大殿，位于陵寝中轴线的隆恩门以北正对面，面阔五间，是一座高大建筑，重檐歇山顶黄琉璃瓦覆顶，殿南面的上下檐之间悬挂着一块斗匾，斗匾上用满、蒙、汉三种

景陵隆恩殿

景陵隆恩殿月台角的螭首

景陵隆恩殿月台前的丹陛石

文字题写"隆恩殿"三字，满文居中，蒙文居左，汉文居右，景陵的三种文字字体大小相同，汉字为雍正帝亲笔御书，斗匾的落款处有"雍正尊亲之宝"六字宝文。

隆恩殿前设月台，月台东西南三面设有青白石栏杆，月台前有三路踏跺，中间踏跺的正中镶嵌有一块丹陛石，丹陛石上浮雕着龙凤呈祥图案，龙凤下面雕刻海水江崖图案，周边则雕刻着蔓草花纹图案。月台的左右两侧各有一座踏跺，月台及殿台基外面拐角处设有螭首六个。螭首又称苍龙头。月台上有一段神路，月台上设有两座鼎式铜炉和铜鹤、铜鹿各一对。

陵寝隆恩殿的清扫是由太监负责，对此，《陵寝易知》记载：

　　太监撑扫殿宇，每逢大小祭前一日，俱进殿撑扫一次。每年六月六日晾殿一次。十二月二十六日撑尘一次，俱系内务府官员带领进殿。

隆恩殿内钻金柱四根，沥粉扫金或贴金缠枝莲花和八宝图案，其余柱子均饰红漆，金砖墁地，顶棚为格井天花。天花板上绘有金莲水草图案。天花支条上绘有轱辘燕尾图案。殿内北面建有三间暖阁，各挂明黄缎织金龙幔一架；东边供佛花一座（清明前一日安设，岁暮祭日请出焚化），

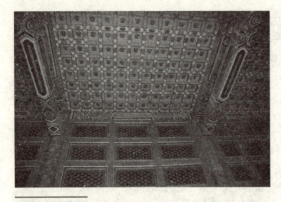

景陵隆恩殿天花板

景陵隆恩殿内景

据说，佛花是用彩纸和金箔等做成的。佛花分为两种，大佛花和小佛花。帝、后所供大佛花，形如花塔，高二丈，直径四尺，上面有一簇簇牡丹、荷花，穿插着五色秋菊，眩目夺神，形可乱真；花塔顶端盘卧一条金龙，底座上分别画有鹿鹤同春、一元复始、竹林七贤、五老观泉等图，再披挂上五色纸钱，艳丽无比。妃嫔所用之小佛花，又称宝花，其顶端落着一只展翅欲翔的赤金凤凰，背如碧玉，金翎细羽，红嘴白腿，云冠昂首，俊秀无双；凤凰口中衔着一枝牡丹花，称做"荣华富贵"。这些精巧瑰丽的佛花一直供奉到岁暮才焚化，来年清明祭时再由工部造送，供奉新的佛花。

隆恩殿的中暖阁前设宝座五个，宝座前设连三供案一张。西暖阁前设宝座一个，东向。宝座前设连三供案一张。供案前设有金漆香几五件、珐琅五供一分：炉一件、花瓶二件内插灵芝一对、蜡扦二件上插样蜡一对；铜镀金香盒一件；金漆戳灯十二盏各随黄铜蜡托盘一个、明黄杭细单套各一件；东边设酒案二张，西边设酒案二张，每张各有明黄云缎面杭细里夹套一件、明黄油敦布夹垫子各一件、明黄纺丝油单案面各一件、明黄油敦布夹套各一件。

中暖阁内设有神龛一座。神龛内设有宝床，宝床上有小香龛（香龛内

有康熙帝及四位皇后神牌）、枕头、被褥等。中暖阁
内还设有五个宝椅。两旁设满堂红灯二盏。西暖阁
内有神龛一座，神龛内有宝床，宝床上有香龛（小
神龛内有敬敏皇贵妃神牌）、枕头、被褥等。西暖阁
内，还设有一个宝椅和两旁设满堂红灯二盏。

在《陵寝易知》上记载有景陵中暖阁和西暖阁
神牌的供奉位次，并奉安日期：

康熙帝神牌

中暖阁内供奉

圣祖仁皇帝：康熙六十一年十一月十三日
崩，雍正元年九月奉安。

孝诚仁皇后：康熙十三年五月初三日薨，
二十年二月二十五日奉安。

孝昭仁皇后：康熙十七年二月二十六日薨，同孝诚仁皇后日
奉安。

孝懿仁皇后：康熙二十八年七月初十日薨，是年十月二十日
奉安。

孝恭仁皇后：雍正元年五月二十三日薨，是年同帝奉安。

西暖阁内供奉

敬敏皇贵妃：康熙三十八年七月二十五日薨，于三十八年十
月奉安。十三王母。

景陵的东暖阁内未建佛楼。在隆恩殿东暖阁建佛楼的皇后陵只有泰东
陵和慈禧陵；皇帝陵建佛楼，始于乾隆帝的裕陵，因此，裕陵之前的顺治
帝孝陵、康熙帝景陵、雍正帝泰陵，其隆恩殿东暖阁都没有建佛楼，但这
三座皇帝陵隆恩殿的东暖阁也是各有陈设和尊藏。

景陵隆恩殿的东暖阁沿用孝陵的方式，供奉陵图、玉碗和"祥瑞"产

物。其中，"祥瑞"是雍正帝特别注重的神秘现象。《昌瑞山万年统志》记载：

> 景陵东暖阁内尊藏：陵图二轴盛用楠木匣；玉碗五件，一系白玉底，刻乾隆年制，又刻一"中"字；青玉四件底均刻乾隆年制，又各刻"诚"、"昭"、"懿"、"恭"各一字，均用铁锓镀金套盛；五本灵芝二匣，系雍正六年、十年，景陵宝山所产；三本灵芝一匣，系雍正七年，景陵宝山所产；独木灵芝一匣，系雍正七年，神道两仪树行内所产；共灵芝四匣均刻木为山植芝，其上缀以金草叶。

又据《陵寝易知》记载：

> 景陵东暖阁内尊藏：陵图二轴备随黄云缎裓套；放存玉碗五件内白玉碗底刻"乾隆年制"，又刻"中"字；青玉碗四件均刻乾隆年制，又刻"诚、昭、懿、恭"字样，各随铁锓金套；陈设灵芝四匣，刻水为点景山石植芝其上，缀以金叶，外用金花黑洋漆罩盖匣盛；五本者二匣，雍正六年、十年二次景陵宝山所产；三本者一匣，雍正八年景陵宝山所产；一本者一匣，雍正七年圣德神功碑亭迤西仪树行内所产。

综合以上两份档案记载可以知道，景陵东暖阁内藏有两轴陵图，陵图是用楠木匣盛放，匣子装在黄云缎裓套里。尊藏玉碗五件，玉碗是每当皇帝来祭祀躬行大飨礼时，向神主供献奶茶时使用。其中，碗底刻有"乾隆年制"和"中"的白玉碗，是向康熙帝神主敬献奶茶时专用；其他四件青玉碗，碗底都刻有"乾隆年制"和各自主位的一个字的"名"，刻有"诚"字的碗为孝诚仁皇后专用，刻有"昭"字的碗为孝昭仁皇后专用，刻有

"懿"字的碗为孝懿仁皇后专用，刻有"恭"字的碗为孝恭仁皇后专用。敬敏皇贵妃因为不是皇后，所以没有祭祀时专为其用的玉碗。供奉玉碗制度，始于乾隆年间。东暖阁内供奉着的四匣灵芝，其中，五本灵芝两匣，是雍正六年和雍正十年产自景陵宝山；三本灵芝一匣，是雍正八年产自景陵宝山；独本灵芝一匣，是雍正七年产自景陵圣德神功碑亭以西两仪树行内。由于灵芝的形状像如意云朵，它

雍正帝读书像

不仅具有药理作用，还由于它的生成被看做是吉兆，因此被古人看成是吉祥之物。景陵隆恩殿东暖阁供奉灵芝，正是出于这种吉兆寓意，即古人常说的灵芝为"祥瑞"之物，所谓祥瑞是指好事情的兆头和征象。祥瑞又称"符瑞"，被儒学认为是表达天意的、对人有益的自然现象。如天空出现彩云、风调雨顺、禾生双穗、地出甘泉、奇禽异兽等自然现象的出现，都会被认为是上天对皇帝的行为和所发布政策的赞成或认同或表彰。

雍正帝迷信祥瑞，为了宣传他当皇帝是理所当然的合理合法，是秉承上天旨意的，因此他喜欢别人向他报告祥瑞。于是在《陵寝易知》中，就记载有一些频频出现的陵寝祥瑞事情：

祥瑞

粤稽洪范五行传，凡麻征胥由感召伏恩，我朝列圣道协清宁，皇上功成继述，至诚昭格呼吸吸通，故诸陵之符瑞毕臻，日月之光华常旦，蘡萸舒廷，祥鲜在圈，媲隆千古矣。

彩云焕发：康熙十六年，孝陵彩云焕发，从巳过午。

著草丛生：雍正元年，孝陵著草呈祥，凤尾龙头孕奇毓秀，实旷古希逢胜事。

五云覆护：雍正元年，景陵奉安龙輴之日，五色祥云覆护，缭绕经时不散。

瑞芝叠生：雍正六年，芝生景陵，五彩缤纷，光华灿发，金英玉质，迥异寻常。七年又生于圣德神功碑侧。十二年复生九芝于宝城最近山上。

凤鸣天台：雍正七年，凤鸣陵寝天台山，集于峰顶，高五六尺，毛羽如锦，五色俱备，文彩焕然。立处群鸟环绕，北向飞鸣。

以上诸瑞，诚为列祖峻德洪功暨我世宗宪皇帝纯孝诚敬之所感召云。

因此，在景陵隆恩殿东暖阁供奉这些灵芝，其实质上就是雍正帝在向世人默默述说表白他的皇帝位来得正大光明，是符合"天意"的好皇帝。只是具有药理作用的灵芝，在雍正朝却成了具有迷信和政治作用的宣传工具，因此灵芝被供奉景陵隆恩殿就不足为怪了。

其实，在皇陵除了隆恩殿收藏的这些物质宝贝很神秘外，还有一些其他的非物质的文化同样也很神秘，这就是令人们对那段历史感到好奇有趣又神秘的事情——皇陵的祭祀。

第四章

景陵秘事知多少

习惯上，人们将陵寝的建筑视为『奇货』，实则陵寝的祭祀和礼仪同样是陵寝文化的核心。对于景陵来说，由于葬有皇帝、皇后和皇贵妃，并且同在享殿祭祀，如何为这些人祭祀以及祭祀内容和礼仪越发显得重要。一份记录景陵内务府官员任职详单，又能为研究陵寝揭示哪些秘密？景陵历史上发生的大火，虽经过调查，有的至今不知道起火原因。要说到景陵最悲惨的历史，那就是陵寝的被盗，盗墓贼逍遥法外，收缴上来的珍宝却不知去处。

一、守陵人的职责

历来，封建帝王都主张"圣天子孝先天下，首重山陵"。清王朝也同历代帝王一样，不仅把兴建陵寝看成是关乎帝运长短、国运兴衰、"巩万载之金汤，开亿世之统绪"的大事，而且还特别看重以"敬天法祖、展孝报本"为内容的祭祀祖陵的礼仪活动，并将之作为重中之重。清陵的祭祀活动由皇陵机构完成，在陵上当差的官役被统称为守陵人。

清朝皇陵的机构分为两部分：防卫和管理，属于防卫的机构为八旗和绿营，负责陵寝的安全保卫，其中八旗兵又称兵部，主要负责风水墙内的陵寝安全和协助祭祀。绿营则是负责风水墙外及后龙的安全。他们的营房均设在风水墙外的马兰关；管理机构为内务府、礼部和工部，工部主要负责陵寝的维修、协助祭祀安设桌张、摆列酒樽，以及制作祭祀用的大、小佛花，他们的营房设在风水墙外南面的石门镇；内务府和礼部，负责各陵寝的祭品制作，祭祀和清扫殿宇、陵院，管理树林等，其中，内务府营房大多数设在风水墙内的各自当差陵寝的附近，但也有例外，昭西陵的内务府建在新城之南称"南新城"，孝东陵的内务府建在马兰峪之东称为"东圈"，礼部营房与兵部营房在一起，大多数设在风水墙外。

清朝的每座陵寝都设有八旗、内务府和礼部，以维持陵寝的祭祀能正常进行。

内务府，又称内关防、内府，是职责比较多的机构，主要负责皇陵祭品制作。康熙二年开始设立，其职责包括：到礼部库领取、送还祭祀时所用的金银器皿。金银器皿由礼部衙门库内收贮。库房的内门、外门锁钥均礼部官掌管。外层大房锁钥由八旗兵官员掌管，箱子上的锁钥由内务府掌管，箱子上的两个封条，分别由礼部和内务府封帖。凡遇大祭前二日、小祭前一日、内务府司员一员，同尚膳茶正、尚膳茶副、内管领、副管领等官各一员带领茶膳房人领催差役人等携带印领赴库。礼部司员带领打果人，眼同值班章京披甲人去封开锁，将器皿箱抬至大堂。内务府官同礼部官照印领数目查点领出，交各房值宿看守，应用祭毕，内务府司员一员仍同尚膳茶正、内副管领等官各一员，带领茶膳房人领催差役人等送往礼部衙门，当堂礼部官查收贮库出具实收交内务府存案。制办祭祀时所用的各种膳品、饽饽、奶茶、果品等；启闭宫门、殿门，打扫地面、支放雨搭、燃熄灯火；请送神牌、摆放桌张、陈列供品、递献酒茶；管理树木等。内务府最高长官叫郎中，副长官叫员外郎，再次为主事，均为一人。下设尚膳正、尚茶正、内管领、尚膳副、尚茶副、副管领各一人，以及笔帖式、膳房拜唐阿、茶房拜唐阿、香灯拜唐阿、闲散拜唐阿、领催、差役人、树户等若干人。

据《陵寝易知》记载，景陵、景陵皇贵妃园寝和景陵妃园寝三处的内务府员役人数如下：

景陵

郎中一员，原未设，因协总管内务府事繁，自嘉庆十五年奉旨由昭西陵调此，仍兼昭西陵事务；员外郎二员；主事一员；尚膳正二员；尚茶正一员；内管领一员；副管领一员；笔帖式二员；尚膳副一员；尚膳、茶副、委副管领原由茶膳房人后添，领升补仍站本缺。于光绪十九年奏议准开去底作为员缺不站缺；尚茶副一员；委副管领一员；膳房拜唐阿九名；茶房拜唐阿七名；香灯拜唐阿二名；领催二名；闲散拜唐阿三十六名；首领太监一名；太监三名缺。院行一名；树户七十名。

悫惠皇贵妃园寝（景陵皇贵妃园寝，又称太妃园寝）

膳房拜唐阿四名；茶房拜唐阿三名；领催一名；闲散拜唐阿

十四名；太监二名缺。

妃园寝（景陵妃园寝）

膳房拜唐阿十名；茶房拜唐阿六名；领催一名；闲散拜唐阿三十七名；太监二名缺。

又据《陵寝易知》记载，在陵寝内务府当差的还有一些妇人，她们分别在以下七行当差：

执事妇人共计七行：

茶房妇人承行熬奶、起奶皮、做酸奶、奶干等事。

膳房妇人承行做供菜、煮饭等事。

果房妇人承行办造、摆设果品等事。

米上妇人承行拣米。

菜上妇人承行造办小菜。

白面饽饽妇人承行轧烂子面。

黄面饽饽妇人承行轧江黄米面炸糕等事。

以上妇人，如遇举哀俱轮流进宫门举哀，冬至祭日不举哀。

其中：

景陵：

膳房妇人，头目一名、妇人七名。茶房妇人，头目一名、妇人五名。

太妃陵：

膳房妇人，妇人四名。茶房妇人，妇人三名。

妃陵：

膳房妇人，妇人六名。茶房妇人，妇人四名。

礼部，又称奉祀礼部，主要负责制作和供应祭祀祭品所需物品，以及主持祭祀仪式，监礼、赞礼、读祭文、焚烧祝版和纸镪，割除杂草、打扫地面，并与兵部共同管理礼部金银器皿库。礼部的最高长官为郎中一人，副长官为员外郎二人，下设读祝官、赞礼郎、牛吏、挤奶人、割草人、扫院人、校尉（抬龙亭）、屠户、果户（负责交干鲜水果）、网户（交鲜鱼）、鹰手（交野鸡、枸奶子、山葡萄）、面匠（交白面）、粉匠（交水粉、洗芝麻）、油匠（交苏油）、酱匠（交青酱、稍瓜、砖盐、青盐）、酒匠（交甘露酒）、糖匠（交江米糖）等若干人。

据《陵寝易知》记载，景陵、景陵皇贵妃园寝和景陵妃园寝三处礼部员役人数如下：

礼部：

郎中一员；员外郎二员；读祝官二员；赞礼郎四员；牛吏二名；挤奶人二名；打果人四名；校尉二十名；屠户十二名；杂项十二名；网户四名；果户四名；鹰手四名；割草四十名；扫院十七名；喂牛羊人十五名；匠役四十名应入石门工部。

悫惠皇贵妃园寝：

读祝官二员；赞礼郎二员；校尉十二名。

妃园寝：

读祝官二员；赞礼郎三员；校尉十二名；屠户四名；割草人二十名；扫院人八名。

八旗，又称兵部，主要负责陵寝安全保卫以及参与陵寝的祭祀活动。其职责包括陵区风水墙内的各陵四周的保护。凡遇陵寝祭祀，配合内务府、礼部启闭宫门、殿门，抬撤桌张，以及看护祭祀前后取送出来的金银器皿。八旗的最高长官为总管，下设翼长、章京、骁骑校、领催、披甲

景陵兵部关防　　　　　　　　景陵兵部关防印文

人、养育兵等。

据《陵寝易知》记载，景陵、景陵皇贵妃园寝和景陵妃园寝三处八旗兵役设置如下：

景陵：

总管一员；翼长二员；章京十六员；骁骑校二员；领催四名；披甲人七十六名。

悫惠皇贵妃园寝：

章京四员；骁骑校一员；领催二名；披甲人三十八名。

妃园寝：

章京八员；骁骑校一员；领催二名；披甲人三十八名。

笔者在翻阅《清实录》时发现记载有"景陵新大圈"这个词语，其原文：

同治十一年壬申冬十月壬子朔癸酉。谕内阁：景霖奏请借款移栽树株开单呈览一折：东陵官道两旁，现有自生小树数百万棵，景霖拟拣选小松树一万四千棵移栽景陵新大圈迤南等处，荫护风水……

对于这段记载中提到的"景陵新大圈"这个词语，虽然目前不知是指景陵内务府还是景陵皇贵妃园寝内务，但据笔者估计，很可能是指景陵皇贵妃园寝内务府。据研究，景陵内务府营房为现在的东沟村，但景陵皇贵妃园寝内务府和景陵妃园寝内务府两处营房又建在哪里，现在不得而知。

一般来说，礼部营房和兵部营房是建在一起的。景陵金银器皿库建在新城（即现在南新城村之北村），那么其礼部和兵部营房就是建在那里。可是到目前为止，景陵皇贵妃园寝和景陵妃园寝的礼部营房和兵部营房还是不知道建在哪里。

工部，又称"陵工管理修建事务工部"。最初，东陵陵寝工部按陵分设，后来各陵工部合一，把办事衙门设在陵区南的石门镇，所以东陵工部又称"石门工部"。主要负责各陵寝的殿宇、房屋、墙垣的一般性维修工程。还负责制造祭祀时用的各种金银器皿，各陵在清明节供放时用的大、小佛花及清明大祭至宝顶行敷土礼时用的"净土"、筐、扁担。还备办每次祭祀时焚烧的金银锞、五色纸、三色纸。在各妃园寝四时大祭时，陵寝工部司员还要协助内务府、礼部人员安设桌张，摆列酒樽。除此之外，每月石门工部官员带领匠役搜检松虫一次。春、夏、秋、冬四时随时应搜小虫蛾茧及雪后遵旨监视堆雪。工部最高长官为郎中一人、员外郎四人、书吏二人，下设锡匠、锞子匠、木匠、瓦匠、油匠、裱匠、搭彩匠、桶匠、裁缝匠、打纸匠、铁匠、锯匠、石匠等十三行匠役人。每增建一座新陵寝增加匠役四十人。

清陵的祭祖在清朝入关以后，不仅在陵寝制度上沿袭了明陵制度，就是在祭祀礼仪上也效仿明朝，并经过与满族礼仪融合，而形成了一套具有汉族风格的满族风格的祭祀制度。清陵祭祀的名目较多，除了每年清明、中元、冬至、岁暮和每月的朔（初一日）、望（十五日）祭祀外，还有一些其他形式的祭祀，如暂安礼、奉安礼、展谒礼、告祭礼等。在这些祭祀中，清明、中元、冬至、岁暮为每年的四时大祭，每月的朔、望为小祭。

本来，帝、后忌辰是小祭，乾隆帝即位后，为了报答祖、父的教诲和养育之恩，决定将祖父康熙帝的忌辰由小祭改为大祭，并于雍正十三年（1735）十月十三日颁布相关谕旨。

礼部遵旨议奏：

> 各陵寝四时大祭，牲用太牢、献帛爵、读祝文，致祭于隆恩殿，具朝服行礼。从前圣祖仁皇帝于孝庄文皇后忌辰，此礼行之最久，原与各陵忌辰祭祀之礼不同。至圣祖仁皇帝忌辰，至照周年致祭，礼特加隆。曾奉大行皇帝谕旨，不得奉为成例。今详酌典礼，十一月十三日圣祖仁皇帝忌辰，应照陵寝四时大祭礼遣官承祭，在陵官员，咸令陪祀，永远遵行。并请嗣后恭遇列祖列后忌辰，均照陵寝四时大飨礼举行。

自此，从康熙帝忌辰开始，清朝帝、后忌辰均为大祭。

陵寝的每年四时大祭及忌辰大祭，均由皇帝亲自祭祀或皇帝指派王、公大臣致祭，届时恭请神牌，奉安于隆恩殿宝座南向。如皇贵妃同殿，设位于西旁东向。孝东陵从葬妃七位，设立于两旁东、西向。帝、后位前案上各供十八盘碗膳品。唯孝庄文皇后及各陵帝位前，另供甜酸奶子一碗。案前各供六十五盘碗饽饽桌一张。中设太牢牛一、羊二，共俎（以羊代豕）。两旁各设尊罍如仪。献帛爵、读祝文。隆恩殿致祭，穿朝服行礼。并于乾隆五十二年（1787）二月二十八日开始，帝后忌辰日在西配殿念诵满洲《药师经》。对此，《内务府来文·陵寝事务》上记载："隆福寺所设喇嘛等，嗣后各陵遇有素服之日，即著在陵寝西配殿念经。"素服日（即忌辰）念经所需物品，是依照达喇嘛依什册巴尔所报的桌张、法器、供器、供花、哈达米面、油糖、柴炭，以及供献七星饼十五碗。

景陵西配殿

每月的朔、望小祭则由陵寝官员主持。因大祭的中元（农历七月十五日，又称孟秋望）已占去一天，通常全年十二个月的朔、望小祭只有23次。《遵化州志·陵寝祀典》记载：

> 凡朔、望小祭，不请神牌，供十二样果品、熟羊肉。主祭大臣拈香后，复至行礼处站立，俟内务府官献酒三爵，主祭大臣行三跪九叩礼毕，退出。无帛版，其余与大祭同。

每逢祭祀的前后，都是陵寝最繁忙的时刻。内务府要取送祭祀用的金银器皿，要在东西朝房内制作饽饽、熬制奶茶，要开启宫门、隆恩殿并保证宫殿和院落的干净和通畅，还要请送神牌、摆放桌张、祭品等；礼部要负责供应内务府做祭品用的面食、果品、鸡鱼和酒类，还要在神厨库内杀牛宰羊，制作太牢，主持祭祀礼仪，监礼、读祝文、焚化祝版和金银纸锞等，并要配合内务府取送祭祀用的金银器皿。八旗不仅要负责各陵寝的昼夜巡逻，还要协助内务府看护取送存放的金银器皿和摆放桌椅等；工部负责制作祭祀所需的金银锞子、五色纸、三色纸、大小佛花，协助内务府摆放桌椅等，以及预备清明敷土礼所用的净土、筐和黄布护履。

因祭祀分为大祭和小祭，所以祭祀主持人及其礼仪有所区别。

大祭祀前一天清晨，内务府、八旗、礼部官员、差役，同时进入陵寝准备。首先是内务府官员带领内务府领催、差役人等，眼同八旗值班章京、甲兵，将隆恩门开启。再由礼部官员带领扫院人，打扫院内外地面。内务府差役打扫隆恩殿月台，卷起雨搭。香灯拜唐阿开启隆恩殿门，将殿内打扫完毕，锁门，放下雨搭。礼部官员恭请龙亭，礼部校尉抬着装有祝版、制帛的龙亭，供奉于东配殿。与此同时皇帝或钦点王、公进入隆恩门，经隆恩殿东侧绕行，进陵寝门，至明楼前石五供北，举行展谒礼。礼成后出隆恩门。内务府官员带领领催、差役人等眼同值班章京、甲兵，关闭隆恩门。

大祭之日五鼓，内务府员役仍与章京、甲兵将隆恩门开启，在东配殿前支搭凉棚，各陵东配殿前，或相当东配殿前的砖墁地上，建陵时即嵌有专备支搭凉棚用的七块坠风石鼓。在凉棚内陈列祭品，至祭祀时，将祭品奉献隆恩殿供桌之上。内务府差役打扫隆恩殿月台，开启隆恩殿门。香灯拜唐阿进入殿内，点燃十二盏"满堂红"悬灯（又称戳灯），并清扫殿内灰尘。内管领带领领催差役人，章京带领披甲，将饽饽桌以及香瓜、西瓜方架抬请至月台下，章京、骁骑校等官抬进殿内，由内务府官员供奉。内管领还带领催差役人等将酒樽及爵盏、奠池、马杓等器抬进隆恩殿，放在西边酒桌上供设。礼部官员带领屠户将牲匣抬入殿内安设，复将神厨库内制办的"太牢"放入牲匣之中。"太牢"，古代帝王祭祀社稷时所用牺牲，牛、羊、豕三牲全备称为"太牢"。清朝初年，"太牢"是指为一牛、一羊、一豕；康熙年间改为一牛、二羊。礼部在神厨库内还各有熟牛、羊肉，由披甲人抬入隆恩门内，安设在东配殿前的凉棚下。尚膳正带领膳房人，将牛、羊肉件摆于方盘内，同八旗官员抬进殿内，供于案上。八旗官员诣膳房抬请膳桌，内务府官员前引至殿内摆放，膳房人传递膳品，尚膳正供献，在膳桌、饽饽果品桌上摆放供品。

　　实际上，除了要预备供品外，还需要做一些其他物资的储备。如景陵及妃园寝需要提前备养祭祀所需要的牛羊，祭祀所需要的柴炭、冰块和清明祭祀用土。对此，《昌瑞山万年统志》上有这样的记载：

　　　　景陵礼部郎中备养妃园寝在内
　　　　黑牛三十五只；羊二百七十一只；乳牛四十只；牛犊四十只。黑牛每只日支豆六升，草二束；羊每只日支豆二升，草一束；乳牛每只日支豆四升，草三束；牛犊每只日支豆二升，草一束；黑牛每只价银五两至八两三钱不等。

　　柴炭：

　　　　景陵关防衙门，备柴八万二千五十四斤；炭七千八百二十五斤。礼部衙门，备柴三万三千五百八十八斤；炭五百三十三斤；帛柴二百七十斤；苇柴九十斤。妃园寝关防衙门，备柴一万二千九百六十斤；炭三千零三十六斤；帛柴一百二十斤；苇柴四十斤。

　　冰：

　　　　景陵及妃园寝关防，备冰九十五块。礼部，共备冰四十四块。以上冰块系拔果肉、奶子用。

土：

　　每岁清明节，各陵需土。承祭官先于界外取土，贮于红墙外洁净处，恭候听用。

　　内务府员役制作祭祀各用品，膳品在东朝房（东厢房）即茶膳房制备；饽饽在西朝房（西厢房）即饽饽房制备；太牢由神厨库制备。

景陵西朝房　　　　　　　　　　　　景陵东朝房后面

　　内务府其余员役递香盒、点蜡烛，供奉爵垫，一切安排就绪，礼部官员至东配殿内，将供奉之祝版、制帛，恭请至隆恩殿，供于桌案之上。香灯拜唐阿至月台上，将两座鼎式铜香炉内檀香点燃。礼部监礼官一员，会同内务府官员进入隆恩殿中暖阁内，向神龛内的神牌行一跪三叩头礼，将神牌请出，安放在宝座上，再行一跪三叩头礼，退出。

　　当一切准备就绪，大祭礼正式举行。其礼仪内容和程序大致如下：

　　王、公大臣齐集隆恩门外，礼部官员站在隆恩门外月台上，用满语喊："阿凤那衣钵（请出来）。"皇帝从金殿（更衣幄次）出来，身穿礼服，由礼部赞礼官、对引官引导登隆恩门外左边的踏跺上月台，入隆恩门左门，升隆恩殿东阶，自左门入隆恩殿，东立面西。鸿胪寺官引王、公立于月台上，一品官员以下官员于丹陛之南，均两旁排立。祭祀开始，先献奶茶，赞礼官用满语喊："茶不拉衣钵（上茶了）。"尚茶正手举黄绸子蒙着的半碗奶茶，毕恭毕敬地向上敬献。尚膳副、内管领等人，抬着小供桌、

景陵隆恩门

托着茶盘，抱着茶筒，登上月台，放在月台东侧，尚茶正将茶碗放在茶桌上，退下。内务府员外郎亲自将奶茶端进隆恩殿，在宝座前跪下请安，再揭开蒙在茶碗上的黄绸，将奶茶供奉在茶桌上，片刻即将奶茶撤出。司拜褥官跪铺明黄色拜褥于殿内。赞引官引皇帝至拜位前站立，赞礼官用满语赞：执事官各司其事，各就各位。赞礼官赞："米阿库拉（跪下）。"司香官捧香盒提前跪于香案旁，皇帝跪接香盒拱手而举，传递给捧香盒的官员，皇帝起立。赞礼官跪赞："上香。"皇帝举炷香上炉内，又上瓣香三次。捧香盒官员退于殿旁，面西站立。赞礼官奏："旋位。"皇帝旋位立。赞礼官奏"米阿库拉"（跪）、"翁齐拉"（叩首）、"依立"（站立）三赞三叩。王以下各官，随皇帝行三跪九叩礼，随后又进行奠帛爵三献礼。赞礼官奏："奠帛，行初献礼。"赞引官恭导皇帝诣帛案前立，捧帛官跪进于皇帝左侧，赞礼官奏："米阿库拉（跪下）。"皇帝跪。奏："献帛。"皇帝献帛，将帛举献于案上，行三叩头礼，起立。赞引官导皇帝至爵案前立，执爵官跪进于皇帝左侧。赞礼官奏："旋位。"皇帝旋位立。读祝官至读祝案前，行一跪三叩头礼，捧祝文跪于左。赞礼官奏："米阿库拉（跪）。"皇帝跪，王以下各官亦跪。赞礼官赞："读祝。"读祝官用满语读祝文。按祝版上贴磁青纸，写出祭祀时间、嗣皇帝名字、被祭人的尊称。祝文内容按时节而定，各陵四时大祭祝文，大同小异，现抄录如下：

清明祝文："时届新春、万物滋茂，维此清明，用申祭奠，伏惟尚享。"

孟秋望祝文："兹以新秋，因时致祭，谨以牲帛醴齐庶品敬献，伏惟尚享。"

冬至祝文："时维长至，万类含生，运应阳初，瞻望山陵，祈求笃祜，虔备牲酒庶品，用申祭奠，伏惟尚享。"

岁暮祝文："时维岁暮，节屈履端，虔备庶品，因时致祭，伏惟尚享。"

读祝官跪读祝文，读毕站起，捧祝版，安放于案前帛匣上，行一跪三叩礼，退下。赞礼官奏："依立（站立）。"皇帝行三叩头礼，王以下官员随行礼，俱站起。举行亚献礼和终献礼，献爵官献爵如初献礼。王以下官员，仍随皇帝行三跪九叩礼。赞礼官赞："捧祝帛恭诣燎炉。"赞引官恭导皇帝转立拜位东旁，捧祝官、捧帛官各一跪三叩头，捧祝官捧祝文在前，捧帛官捧帛在后，送往焚帛炉，皇帝还位立。王以下各官俱至两旁排立，候祝帛过，俱复位立。当将焚帛炉内祝帛焚化过半时，赞礼官赞："礼毕。"众皆退。

内务府官至隆恩殿内，行一跪三叩礼，将宝座上的神牌请入暖阁，安奉于龛内，行一跪三叩礼出。各项员役人等，将供献品物撤出，内务府官员将灯火撤尽，地面打扫洁净，殿门闭锁，带领差役人等，垂放雨搭，拆卸凉棚，撤收桌张，俟举哀毕，眼同该班章京、披甲人等将隆恩门关闭，大祭礼

景陵东焚帛炉

完成。

次日在宝城前致祭，礼部官设黄幄，陈祭品，王以下各官在隆恩殿院内分翼排立，礼部堂官二员，恭导皇帝诣拜位立，读祝官至案前一跪三叩头，捧祝文跪于读祝处。皇帝跪，王以下各官俱跪。读祝官读毕，兴。捧祝文至案上，一跪三叩头，退。皇帝跪奠酒三爵，每奠一叩头，王以下各官亦随叩头。奠毕，皇帝兴东立西向举哀毕，撤祭品。读祝官进前一跪三叩头，捧祭文前行，皇帝随后。王以下各官先出隆恩门两旁跪候驾过。随后行至焚帛炉，焚祭文。皇帝跪，奠酒三爵，每奠一叩头，兴。王以下各官俱叩头，兴。视燎奠爵或派大臣行礼，礼毕，退。

亦有当日礼成后，皇帝由隆恩殿左门出，降东阶进陵寝门左门，至明楼前西向举哀，鸿胪寺官引王、公百官于陵寝门外，东、西面序立随行礼，举哀毕，恭导皇帝由隆恩门左门出，至两厢南乘舆还行宫。王、公百官以次退。

景陵陵寝门

妃园寝只有四时大祭，没有忌辰（素服日）大祭，主要由八旗总管担任主祭。祭祀当天，礼部差役人员在宫门外支搭凉棚，工部匠役安设桌张、摆列酒樽，内务府员役供献祭品，礼部打果人抬肉槽安奉在凉棚内。

景陵石五供及方城、明楼

太监进享殿暖阁，在神龛前行二跪六叩礼，请出神牌，安放在宝座上，行礼。礼仪与帝、后陵大祭礼相仿，读祝文，献制帛。贵人以上有四时大祭，常在及常在以下只有清明和岁暮两大祭。妃以上在享殿暖阁内设有神牌，嫔以下无神牌，祭祀时在宝顶前进行，将祭品桌抬到宝顶的月台上供献。差役人员先奠奶茶一碗，礼部打果人抬酒桌、执壶、盅碟，礼部官两人依次到各个宝顶前奠酒三杯，行一跪三叩礼。

以上为帝、后陵和妃园寝大祭日期执事及礼仪程序。

凡小祭日执事：

贝子、公、内务府大臣各陵轮流主祭。内务府官供献祭品，捧递香盒。礼部司官一员监礼，赞礼郎、叫官、叫茶、赞礼郎前引八旗章京、骁骑校、赞礼郎等抬请果桌，茶膳房人、太监、差役人等执事与大祭同。

大臣、官员班次：贝子、公系头班。内务府大臣、八旗总管、翼长、郎中、员外郎、尚膳正、尚茶正、内管领、主事、副管领、尚膳茶副、委副管领系二班。八旗章京、赞礼郎、骁骑校、笔帖式、茶膳房人系三班。太监系四班。齐集行礼处所：凡遇大祭，钦派主祭王公在月台上居中行礼，贝子公亦在月台上东傍稍下随行礼，其余总管、翼长并抬桌各官俱在月台以下丹墀内两边行礼。

帝、后陵和妃园寝小祭礼仪程序为：

朔、望小祭，贝子、公、内务府大臣、八旗总管、翼长等各陵轮流主祭，俱在月台上居中行礼。本陵礼部八旗官及抬桌各员在丹墀内两边排班站立。忌辰齐集各员俱在隆恩门外茶膳饽饽房前排班立，八旗官列于东班，内务府官列于西班。造办祭品桌张及西瓜、香瓜系内管领带领差役人及各行妇人造办；膳桌系尚膳正带领膳房人及膳房妇人造办；奶茶、奶皮、奶干、酸奶系尚茶正带领茶房人及茶房妇人造办；熟牛羊只系膳房人监视，差役人省煮；牲牛、羊只，系礼部官员监视屠户省视。贝子、公、内务府大臣亲身验看。查管祭器系内务府官员查管；看守殿宇、巡守墙垣系八旗章京、披甲人等看守巡逻；修理仪树、山树系内务府司员带领树户修理。如遇祭祀之期，内务府官员职司供献。

　　每次祭祀完毕，内务府官员带领茶膳房、饽饽房的拜唐阿、领催及差役人等，按执事分工，坐在隆恩殿前的月台上。茶房人提着茶桶，面向北面跪着，按班给每一个人斟茶一碗，由差役人按班递送，每个人都跪着品尝。饮酒、尝膳也同饮茶一样，由差役人递酒、膳房人递膳，按班递送，坐班官员跪饮、跪尝。这就是所谓的"坐班饮福"，即平时人们常说的"心到神知，上供人吃"，所以最后享受祭祀所用祭品的还是活人。

景陵隆恩殿前的月台

　　据《昌瑞山万年统志》记载，景陵的康熙帝、皇后、皇贵妃和景陵妃园寝的妃祭祀时所需的物品及数量和礼仪等情况如下：

　　　　景陵每年清明、中元、冬至、岁暮以及大忌辰，均系钦点王公大臣致祭。景陵礼部郎中官员恭备饭桌六张；果桌六张各十二色；饽饽桌六张；甘露酒四瓶；生黑牛一只；生羊二只；熟牛一只；熟羊六只。

圣祖仁皇帝、孝昭仁皇后、孝恭仁皇后、孝懿仁皇后前，每位各祝版一块；降香各五钱；鼎炉用降香四块，每块重一两；炭饼三块；制帛各一端；焚帛苇柴十斤；帛柴三十斤六两；白蜡三只；三两白蜡十六只；清明用佛花各一座；五色纸各一万张；锞子各一万锭；中元、岁暮各五色纸各一万张；锞子各一万锭。余俱无佛花、纸锞。

敬敏皇贵妃前，祝版一块；降香各五钱；炭饼一块；素帛一端；焚帛苇柴十斤；帛柴三十斤六两；白蜡二只；三两白蜡八只；清明用宝花一座；中元、冬至、岁暮三祭，各三色纸一千张；锞子二千锭；主祭官行三跪九叩头礼。一切礼仪俱照鸣赞，赞礼官指引礼毕，俱于宫门外东边站立，向西举哀。唯冬至节不举哀。

敬敏皇贵妃忌辰系小祭，供果桌六张，各十二色；酒二瓶；三陵总理主祭，行三跪九叩头礼。每月朔、望，三陵总理主祭，礼部郎中等恭备干鲜果桌五张，各十二色；甘露酒二瓶；羊五只。主祭官行三跪九叩头礼。

敬敏皇贵妃、景陵妃园寝，妃九位，每年清明、中元、冬至、岁暮四大祭，三陵总理派员主祭。景陵礼部郎中官员恭备饭桌九张；果桌九张，各十二色；饽饽桌九张；甘露酒四瓶；生羊二只；熟牛九只；祝版一块；降香各五钱六两；白蜡二只；三两白蜡八只；炭饼一块；素帛每位各一端；焚帛苇柴十斤；帛柴三十斤。清明每位前各宝花一座；中元、冬至、岁暮，每位前各三色纸一千张；锞子二千锭。主祭官行两跪六叩头礼，不举哀。以及各妃忌辰：每位前各供果桌一张，计十二色；酒二瓶。三陵总理派员主祭，行两跪六叩头礼，不举哀。每月朔、望无祭。每岁中元各陵：每位前各供西瓜大桌一张；香瓜大桌一张。妃每位前，各供西瓜小桌一张；香瓜小桌一张。随熟时供：每大桌西瓜十五个；小桌八个；每大桌香瓜二担；每担香瓜一百二十个。每年恭逢万寿，每位前

各供果桌一张，计十二色。每桌各甘露酒二瓶。十月朔日，各陵
每位前各供果桌一张，计十二色；羊各一只；每桌甘露酒二瓶。
嫔俱各无祭。

由于陵寝的各级官员任免和升迁，同样包含着一些重要的历史信息和
史料，因此也具有重要的研究参考价值，在《陵寝易知》中记载着景陵内
务府和景陵皇贵妃园寝内务府的历任官员升转详单。

遍查《陵寝易知》记载的这份官员升转表，令笔者感到奇怪的是，景
陵的各部官员设立，大多是从乾隆朝开始有的，在乾隆朝之前的康熙朝和
雍正朝，并没有记载多少官员任职，难道在这两朝时期并没有设立正式祭
祀机构吗？

还有，虽然记载有景陵和景陵皇贵妃园寝的内务府官员，但却没有记
载景陵妃园寝的内务府官员。根据一些零星史料迹象，笔者猜测景陵妃园
寝的内务府事宜，是由景陵内务府代办。

二、景陵的三次火灾

光绪三十一年二月二十日卯时（1905 年 3 月 25 日早 6 时许），景陵隆
恩殿上层檐突然浓烟喷冒，继而火光四起，浓烟和烈焰直冲云天。值班的
陵寝官员惊恐万状，慌忙中找来救火工具，赶到隆恩门前，却发现沉重的
大锁锁着隆恩门，等找来钥匙打开隆恩门，隆恩殿的大火已是金龙乱舞，
烈焰冲天。

隆恩殿，又称享殿，俗称大殿，不仅是陵寝的主要建筑，也是祭祀
的主要场所，无论大祭还是小祭，都在隆恩殿内举行，是陵寝的最重要
建筑。

历来皇宫和陵寝都是防火的重点，况且又是皇帝陵的隆恩殿，其责任
何等重大。前者有道光年间景陵西朝房发生一次小火灾，就有众多官员被
处罚的前例，于是内务府主事博尔庄武等人冒着浓烟烈焰，奋不顾身地冲

进隆恩殿内,抢救出来帝、后、妃的六块神牌,等再想抢救其他东西时,人根本不能靠近隆恩殿了。面对大火,护陵官兵束手无策,除了派人迅速上报外,只能眼睁睁地看着火焰吞噬隆恩殿。当东陵守护大臣载泽、寿全以及马兰镇总兵丰升阿闻讯赶到景陵时,整个隆恩殿已经变成了一个无法靠近的滚滚热浪的火焰山。

火灾过后,经过现场清点,发现隆恩殿东暖阁尊藏的五个玉碗竟然完好无损,这可真是一个奇迹。但是,其他的情况则是惨不忍睹,隆恩殿被彻底烧毁,变成了一片废墟。东配殿的北面三间前檐枋被隆恩殿大火烤黑,檐柱、金柱并菱花槛窗、隔扇多被熏黑;西配殿北三间前檐额枋并北山额枋、角梁飞椽、连檐、檐柱、菱花槛窗、隔扇多被烤黑;殿后的神路石料、砖块多被落下的灰烬烧酥损坏; 琉璃花门的琉璃件多被烤坏,门槛框多被烧毁,陵寝门月台压面石也有破碎,踏跺、垂带、级条石也间有酥裂。

景陵隆恩殿焚烧后的部分废石料

隆恩殿被烧毁，事态严重，责任重大。载泽等不敢隐瞒，只能将此事上奏朝廷。光绪帝接到奏报后，十分震惊，于光绪三十一年（1905）二月二十三日谕内阁：

　　　　寝殿重地，宜如何小心守护，该大臣等疏于防范，实属咎有应得。载泽、寿全、丰升阿均著交该衙门严加议处。其因何失火情形，著派赵尔巽、铁良敬谨查勘，并将承直之官弁兵役人等提同严讯，从重惩办。

户部尚书赵尔巽、军机大臣兼户部右侍郎铁良被任命为钦差大臣后，不敢怠慢，立刻动身赶赴东陵，查办此事。他们到达东陵后，严查密访，昼夜刑讯，使出了所有手段，用尽了各种方法，折腾了十多天，也未找到失火原因。无奈之下，二人只得回京复旨，上奏说："火自上出，别无可疑形迹。"光绪帝对此结果虽不满意，但也是没有别的办法，除了严惩了守陵官员，也只能令赵尔巽、铁良等对景陵隆恩殿进行修复勘估，勘估结果为：修复隆恩殿需要工料银五十万五千二百四十二两五钱二分二厘；修补东西配殿需要工料银六万三千一百七十九两六钱四分；修补隆恩殿四周海墁各工需要工料银二万三千三百五十九两六钱二分六厘；修补琉璃花门各工需要工料银一万零二百一十一两九钱八分二厘，四项工程总计需要白银六十万一千九百九十三两七钱七分，并做出复建工程预算以及承修景陵隆恩殿的合理方案。后来承修大臣又有所更换，直到宣统元年，景陵隆恩殿才建成。

由于当时清朝的腐败和没落，重建后的景陵隆恩殿其月台栏板和望柱，雕工都比较粗糙，明显能看出不如康熙朝的原物。

对于景陵隆恩殿的起火原因，两位朝廷大员竟查不出半点线索，这可真是一件奇事。当时是农历二月，尚未进入雷雨季节，况且失火那天根本无雨，因雷电失火是完全不可能的。起火这天距二月十五日小祭已过五天，距三月初一日清明大祭还差十天，康熙帝及四位皇后的忌辰祭又均不在二月，所以因祭祀时灯火不慎引起火灾的可能性可以完全排除。既然如此，那起火的原因，就只能是人为的了。

因此，民间有两个这样的传言：

传言一，陵寝官员之间矛盾极大，互相陷害，为置对方于死地，故意放火。其传说是这样的：堂郎中①是郎中的头，景陵郎中即堂郎中叫连璧，因排行老三，又叫连三，住在南大圈。景陵隆恩殿失火，是连三老爷用钱雇人放的火，主要是因为他的八陵堂郎中被撤，心怀不满。于是连三老爷养了一个飞贼，让飞贼把景陵隆恩殿点火烧了，以便他在重建工程中，有油水可捞。当景陵隆恩殿火起时，连三老爷从茅房出来，一看西北火光，就说："可着起来了。"于是赶忙奔到景陵隆恩殿，将神牌抢抱出来。后来以抢救神牌有功，而得到皇帝的奖赏。实际是连三老爷养的飞贼在隆恩殿梁上点着的火，是千总（武官官名）拿钥匙开的门。飞贼点完火就藏到景陵神厨库的后灶里，因为神厨库不到大祭是不生火的，所以后灶特安全。当人们查到景陵神厨库时，看到西南角墙的琉璃瓦歪斜，还有脚印，于是秘密报告，并带上钩杆、花枪进了屋里，在灶门口发现两个新扒的栗子皮。于是用花枪、钩杆往里探，飞贼用手抓住，硬被拉出来了。虽然看押在监狱中，但吃喝待遇不错，经审讯也没交代出连三老爷，最终处以死刑，碎尸万段，家中养老送终也有人。对于这个传说，经过查找曾任职景陵内务府郎中的官员名字，没有发现有叫连三老爷的；再者，看守景陵的兵丁是八旗，在八旗官职中，根本没有千总这一职位，千总职位是绿营官职。所以这个传言就不攻自破了。

传言二，一个作案多起的江洋大盗长期藏匿于景陵隆恩殿的天花板上，由于用殿内的蜡烛照明，不小心碰倒了蜡烛，引起了火灾。这个传言是真是假，现在无从查考，但据笔者分析，江洋大盗长期藏在戒备森严的

---

① 堂郎中，又称八堂郎中。东陵的老人称景陵的内务府郎中叫八陵堂郎中。

景陵隆恩殿内的可能性，几乎是零。

　　景陵隆恩殿的被焚是景陵发生的第二次火灾，第一次发生火灾时间是道光十二年（1832）正月十四日丑刻（凌晨1—3时），景陵西朝房南次间的后檐发生了一次火灾，那次烧毁了一架席排，熏焦檐椽十九根、飞檐一丈三尺、檐头面宽五尺，火灾原因确定是人为。

　　景陵的第三次大火发生在1952年，景陵圣德神功碑亭被烧。

　　1952年7月14日（农历闰五月二十三日）傍晚，天降大雨，雷鸣闪电，正在家中避雨的附近村民忽然发现景陵方向红光和黑烟布满天空，原来是景陵圣德神功碑亭被雷击燃起了大火。由于火太大，虽然雨水像瓢泼那样大，但是大火依旧没有被浇灭，附近的村民面对这样的大火，也无计可施，脸盆水桶根本无法救助燃烧在高大的碑亭顶部的熊熊大火，有村民冒火抢救出一些烧落架的木件，并迅速扑灭上面的大火，事后遵化县（即现在的遵化市）对救火及抢救木件有功的村民不仅给予了精神鼓励，还进行了一些物质奖励，奖品为一些毛巾和肥皂。

　　这次大火将景陵圣德神功碑

景陵圣德神功碑亭东南侧面惨状

景陵圣德神功碑亭双碑南面

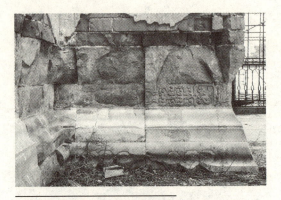

景陵圣德神功碑亭内部槛墙石被焚烧酥裂

景陵圣德神功碑亭被焚后顶部惨状

亭彻底烧毁，不仅碑亭的楼顶坍塌，所有梁架木件均落架烧毁，就是碑亭内的两统石碑，也遭到了损坏，其中满文石碑损坏最严重，虽未倒塌，但整个碑身却被烧裂；汉文石碑碑身则是多处酥裂。

2001 年 8 月 17 日，清东陵将景陵圣德神功碑亭的两统石碑修复粘接完整。

2004 年 5 月 6 日，清东陵在景陵圣德神功碑亭遗址举行了第一次修复开工典礼。

虽然景陵火灾不断，但对景陵来说，其最大的灾难并不是火灾而是人祸——陵寝被破坏和被盗。

三、景陵被盗

景陵是清朝陵寝中遭受灾难最多的陵寝，这其中既有天灾也有人祸。所谓的人祸，就是人为的对陵寝的破坏和被盗，其中危害最大的是地宫被盗。

也许有人会问：既然清东陵是风水宝地，为什么没有保住大清的万代江山和自己祖坟不被盗呢？

在清东陵地区广泛流传着这样一个故事：

大清帝国入关定都北京后不久，就将距北京不远的遵化昌瑞山一带划为陵区，由于陵区是阴宅，阴宅的风水好坏关乎大清万世江山的统治和子孙后代的繁衍，因此陵区内是不容许有别人的坟墓和庙宇存在的。因此，凡是在陵区内的寺庙、道观、坟墓、居民等都需要被迁出去。当清朝官员在陵区内检查时无意间来到陵区东南的一座小山上，意外发现山上居然还有一座规模很小的庙宇——二郎庙。

当时的二郎庙除了一座门楼和一道院墙外，只有三间大殿，殿内供奉二郎神塑像，规模很小。于是建陵大臣在马兰峪后山按原样建了一座新的二郎庙，派人把原来庙内的二郎神像用轿子抬到新庙内。第二天当人们拿着锹镐去拆二郎庙时，竟发现二郎神像仍端坐在神龛内，派人到新庙一查看，泥像果然不见了，大家感到很奇怪。于是又第二次把二郎神像搬至新庙，可是第二天泥像又回来了，这样一连搬了两次，泥像回来两次。神像搬不走，庙就拆不成，这下可愁坏了负责移民迁庙的官员，只得把这件事原原本本地上奏给皇上。康熙帝接到奏章，也感到困惑不解。第二天升朝后，康熙帝把这件怪事向满朝文武讲了一遍，询问各大臣有何良策。众大臣面面相觑，也是一筹莫展。康熙帝只好拂袖散朝，回到乾清宫，闷闷地躺在龙床上琢磨这件事。想着想着，忽见天上飘来一朵祥云，只见云端上站着一位天神，三只眼，顶盔贯甲，威风凛凛，朗声说道："大清皇帝听了，我乃二郎神是也，特来告知我不去新庙之故。原庙前之山乃是猴山，山下镇压着数万猴子，都是孙悟空的后代，个个武艺高强。我若离开原庙，这些猴子就会出来犯上作乱，把天地搅得一塌糊涂。为了使你大清陵区肃穆安宁，我要永镇猴山，不能迁徙他处。"说罢，祥云升起，转眼不见。康熙帝猛然坐起，原是一梦。回想梦中二郎神的话，颇觉有理，派人到实地打听，原来二郎庙前果然有座猴山。康熙帝立即传谕负责陵区搬迁事务的官员，不得再移像迁庙。同时重修原来二郎庙，扩大规模，大殿由一间改为五间，增加东西配殿各三间，增设旗杆两根。并重塑二郎神像，增加关羽、吕祖等配像。

但是由于二郎庙的神像被无故搬动了两次，镇压在猴山下的猴子趁着二郎神像被搬离的机会，跑出来了两只。这两只猴子在若干年之后，将大清王朝闹了个底朝天。一个是革命党人孙中山推翻了大清国的统治，另一个是土匪出身的孙殿英则是盗挖了大清国的祖坟——清东陵。

20 世纪 90 年代重建的二郎庙大殿

虽然这只是民间的一个传说，然而在清东陵境内的东南确实有一座被称为猴山的小山，在猴山北面的山坡上也确实建有一座二郎庙。晚清重要人物翁同龢在负责营建同治帝的惠陵时，于《翁同龢日记》中曾提到在此庙中休息。虽然现在也不清楚二郎庙是谁所建，在清朝期间二郎庙是谁在维护和使用。但是在皇陵禁地建有神庙，无论是当时还是现在，确实有些不可思议。

1912 年 2 月 12 日，清王朝灭亡，中华民国成立，清东陵作为清皇室的祖陵属于私人财产，受到民国政府的保护。但在民国时期，国内各派军阀互相混战，民国政府的承诺成了一张废纸，因此清东陵各陵物品被抢劫、偷盗的事件时有发生。

1928 年 7 月，清东陵发生了孙殿英制造的震惊世界的第一次大盗案。

同年 9 月，退位的宣统帝溥仪派载泽等人来到清东陵，详细调查清东陵被盗的情况，当时他们所看到的清东陵已是一片残破的荒芜情景，他们调查景陵时留下了这样一份历史记录：

　　景陵：石像生象牙伤；小碑亭周围枉云均失，天花板失去三块；神厨库门窗均失，枋檩间有失落；东西朝房门窗、槛框、枋檩全失；东西班房木架全失，墙坍塌；隆恩门匾额失，门扇全存，门钉失，枋子、天花板俱无；隆恩殿石栏间有毁，隔扇、槛框、窗棂、天花板全失；神龛全失，佛楼隔扇失四件；琉璃门槛框全失；铜缸存一；二柱门西边石柱倒断；石台五供有损坏；宝城明楼门扇、隔窗、天花板全失，枋子不全。隆恩殿前陈列铜炉、鹿、鹤全失。

　　景陵妃园寝：东西班房木架全失，墙坍塌；门二扇、檩枋全失；飨殿神龛、门窗、槛框、天花板全失；琉璃门门框全失。

　　悫惠皇贵妃、惇怡皇贵妃园寝：东西朝房门窗、槛框全失；西班房木架均无，墙坍塌；宫门门存，铜门钉全失，内外天花板全失；飨殿神龛、暖阁门窗、槛框全失；琉璃门槛框全失；宝城明楼门扇、隔扇、天花板全失。

此后，由于缺失管理，景陵的灾难还在继续扩大。

1928 年 10 月，牌楼门六根石柱中的西数第三根向南倒下，摔成三截。直到 1978 年 8 月 10 日，才将倒折的石柱粘接修复如初。

不知什么原因，景陵二柱门西面的石柱向西摔倒，断成两截。在 1978 年修复景陵牌楼门时，将二柱门一并修复。

20 世纪 40 年代，景陵隆恩门前马槽沟上的三路三孔拱桥上的石栏杆，被一伙无知激进的人推倒，并全部砸碎，直到 1996 年维修景陵时，才将石栏杆重新雕刻并安装，基本上恢复了原貌。

对于景陵来说，遭受最严重的破坏并不是地面建筑，而是深在地下的

修复后的景陵二柱门

地宫被盗。地宫是陵寝建筑中最为重要的核心建筑，所建陵寝的目的、价值和意义都在那里——因为陵寝的墓主人长眠于此。

景陵地宫的被盗有两次。

第一次是发生在 1928 年 7 月，孙殿英盗挖乾隆帝裕陵和慈禧陵时，也曾派人盗挖景陵，但没有挖开地宫。景陵地宫躲过一劫，其原因是传闻盗挖景陵时，因为地下冒出大水而被迫终止。因此事后在景陵陵寝门这个地方，发现留有军长柴云升、旅长韩大保名片各一张。

第二次是发生在 1945 年 12 月 22 日，景陵地宫被盗开，随葬珍宝全部被盗走。盗掘景陵地宫的这群盗匪中，有一些小头头是外地人，如赵连江是蓟县七区破城子村人，杨芝草是蓟县赤霞峪人，还有一些就是当地人，如关增会（也有叫关老七）是东陵裕大村人，田广坤（田老七）是东陵南大村人，张尽忠是东陵西沟村人，王绍义是东陵定大村人，其他的大多数都是贫苦愚昧的村民，大约有 300 多人。

　　由于景陵地宫建造得异常坚固，匪徒们花费了很大的力气才进入地宫。在当地曾流传着这样的一个说法：进入地宫后的匪徒们用利器打开康熙帝棺椁时，棺椁内突然迸发出一团神秘大火，把正在劈砍棺椁的关增会、田广坤两人的脸烧伤。有人说那是康熙帝在棺椁内设的神火暗器，也有人说那是康熙爷显灵。具体真相如何，目前无法获知，只能存疑。

　　从景陵地宫里盗出来的赃物，拿到孝东陵东朝房被私分。在被盗得的珍宝中，据说最珍贵的是康熙帝生前喜爱的一件玉器——九龙玉杯。这件九龙玉杯就是《彭公案》中"杨香武三盗九龙玉杯"的九龙玉杯。

　　关于九龙玉杯的来历，目前有两个说法：

　　第一种说法是：九龙玉杯是外国进贡给康熙帝的。其玉名为温凉玉，在数九寒冬，用手摸是温暖的；在三伏酷热天一摸，是清凉爽手的；斟满了酒，不烫自温；如果酒中有毒，倒入此杯后，酒立刻变黑。杯身上雕了九条明龙，杯盖上雕了九条暗龙，斟满酒，盖上盖后，就会见到九条明龙和九条暗龙上下翻腾，嬉戏于江海之中，格外神奇。

　　第二种说法是：九龙玉杯玉石原料是蒙古台吉勒尔卡登贡献给康熙帝的。这块玉石分上下两层，上为血红色，下为碧绿色。两种颜色界限分明。红的部分似鸡冠，绿的部分似雨后冬青。整块玉石晶莹剔透，颜色纯正，堪为上等佳品。于是，康熙帝命宫中玉石匠雕成此杯。杯形为外方内圆，象征天圆地方；杯的四角各有两条龙，为二龙戏珠；杯把上的那条龙头上尾下，口含一珠，遇有震动，可以跳动。将酒倒入杯中后，便可见九条龙翻腾转动，极为神奇。

　　由于康熙帝极为喜爱，在他死后这件宝物作为陪葬品送进了他的棺椁。盗陵案发生后，党和政府对此特别重视，成立了"盗陵案专案组"，东陵地区的地方干部广泛宣传政策，开展心理攻势，得此宝物的田广坤最终将九龙玉杯交给了政府。1945年日本投降前后，蓟县、遵化和兴隆三县成立联合县，东陵地区叫蓟遵兴七区，据原蓟遵兴联合县公安局局长云光对此事回忆：

　　记得那一天，有意在田老七家派饭，吃的是二米水饭、黏饽饽、白菜炖粉条。正吃饭间，田老七的老婆进来说："我们当家的回来了！"我叫他进来，只见一个四十来岁的汉子进了屋，他短打扮、半长的上衣，外罩一个大坎肩。他抢步上前，一耷肩，打了一个千儿，右手从长袖子里，抖落出一个白玉的方形酒杯。他用讨好的口气说："局长！这就是杨香武三盗九龙杯的那件宝物，我给您保存好好的。"又拿出一个狗肝色的石头，上面灰、黑、红色相间，刻有字。田老七说："这是皇上的镇纸，是鸡血石料。"又说："昨天，北京来人，给这两件宝物出了二百六十万元的价码，我没卖。"年轻俏皮的警卫员赵蔚说："二百六十万你不卖，还想卖多少钱？"田老七说："我的脑袋比钱还要紧哪！"逗得大家都笑了。田老七接着又交出两个核桃样的刻有子丑寅卯等十二个时辰的表。根据田老七的表现，兑现镇压与宽大相结合的政策，没有杀他。

　　在这次抓捕盗陵犯中，专署公安分处处长刘儒卿和专员李铁亚也来了，他们住在马兰峪河东，指挥这次破案工作。在河东，我将追回被盗的文物上交专署，由专员李铁亚接手。在交九龙杯时，冀东区常委书记李楚离同志也知道。那九龙玉杯是上交盗陵赃物中的精品。九龙玉杯为白玉质，长方形，高为3公分，宽4公分，长6公分，有盖。四角各有二龙戏珠，把手为一条龙，合计共九条龙，故称作"九龙玉杯"。用料白玉细腻无瑕，半透明，所雕云龙工艺精巧，活灵活现。

　　那次上交的盗陵物品中还有："黄金，重达五斤十四两，其中有金戒指、已断开的小金塔，凤冠上的凤凰等。还有大小不等的点翠头饰、鼻烟壶、翡翠、玛瑙、玉石等饰品。共有大半脸盆，其中翡翠扳指儿是镶金里的，最为出色，一个翡翠扳指儿放在水

盆之中，则绿光满盆。"这次交上去的珍珠有一茶盘。据我所知，
还有曹致福同志收缴后，上交的一些东西（尺长白布袋子，装有半
袋）。这些东西都集中在李铁亚专员的住处，很多人都见到过，包
括区党委领导在内。此后这些东西究竟如何保存，就不得而知了。
新中国成立后（1949）我多次到故宫找"九龙玉杯"均未找到。

当时，"盗陵案专案组"的政策是，只要交出所盗赃物，就不追究其
刑事责任，这在当时是极大的政策容忍。但尽管如此，也只有少数人投案
自首，依旧有人铤而走险，继续盗陵，于是为了打击盗陵案主犯的嚣张气
焰，调拨军队给予配合，抓捕了一批盗陵主犯。并于1946年2月1日（农
历大年三十），隆重召开了审判盗陵案宣判大会，在景陵大碑楼前的空地
上，枪毙了6个盗陵主犯。当时为惩治盗匪和教育群众，规定在七天之内
不准收尸，借此威慑其他的盗陵犯别再存侥幸心理而继续作案。现在看
来，这种震慑效果并不明显。

景陵妃园寝被盗时间大约在1929年至1947年年底，最早被盗的是温
僖贵妃，当时地宫内全是积水，不知道地宫内是什么情况。笔者在景陵妃
园寝工作期间，在东沟村做过社会调查，据当地的老人说，景陵妃园寝内
的地宫，有葬骨灰坛子的，也有葬棺椁的，因这座妃园寝地宫很多，不排
除可能还有未被盗掘的地宫。

景陵妃园寝旧影

景陵皇贵妃园寝享殿残破旧影

　　2015 年 10 月 31 日，发现景陵妃园寝再次被盗，被盗的是温僖贵妃地宫。当天清晨四点多，当盗匪正在作案时，被看守人员发现并报警，盗匪见事情败露，丢下作案工具逃之夭夭。随后赶来支援的保卫人员在现场发现，盗匪及作案工具相当专业。盗洞位于温僖贵妃宝顶西侧月台下，盗匪

被盗匪掩盖着的温僖贵妃地宫盗口

景陵妃园寝西墙外作案现场

用电缆将园寝西面附近农业灌溉电力引来，利用电动切割工具在地面打了一个1米多深的坑，然后将盗洞横向通往地宫。打通地宫石壁，利用潜水泵将地宫积水抽走。在地宫中盗出凤冠、朝靴、衣物、被褥等物。作案工具有对讲机、防毒面具、高筒水靴、潜水泵、电缆、简易铁管制蜈蚣梯子等，现场还发现有一些骨殖。盗案发生后，抓住盗匪七人。根据盗匪的交代，估计地宫内还会有一些遗落的陪葬品。

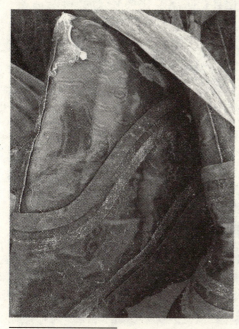

被盗遗物——温僖贵妃朝靴　　　　　　温僖贵妃地宫盗口

景陵皇贵妃园寝的被盗时间，目前尚不清楚，更不清楚地宫内的情况如何。

1949年10月，新中国成立，清东陵获得了新生，清东陵初由造林局管理（即后来的东陵林场）。1952年7月14日发生的雷击景陵圣德神功碑亭大火，引起了党和国家对清东陵保护的重视，因此于1952年7月29日，成立了清东陵文物保管所，单位行政级别为股级，归唐山专员公署领导。第一任所长巩秀波、副所长郝春波，当时全所只有5个人。面对残破的皇陵，他们在一些主要陵寝建筑上安装了避雷针，并认真地对各陵进行调查登记，收集各陵流散的文物，用胶皮车拉石块、砖块、石灰，堵砌了各陵被盗的洞口，清理了荒芜破乱的陵园，为此付出了很大辛苦。

1956 年 11 月 23 日，清东陵保护文物委员会成立。

1956 年，清东陵被河北省政府公布为河北省第一批重点文物保护单位。

1958 年 5 月 7 日，清东陵划归遵化县，隶属遵化县文教局管理。

景陵神厨库俯视

1961 年 3 月 4 日，清东陵被国务院列为第一批全国重点文物保护单位后，国家不断拨专款维修各陵建筑。但尽管如此，由于那时的国家处在困难时期，百业待兴，为了将钱用在刀刃上，微薄的维修费也只能维修陵寝一些重要建筑，保持不塌不漏，其他的附属建筑，就只能采取"落架保护"。

1966 年 8 月，景陵的神厨库在"落架保护"的政策下，三座建筑被拆毁了。当时，清东陵在给上级的《关于拆除一批极为残破建筑的请示报告》中称：

> （景陵神厨库）南北房瓦顶均已大部坍毁，木构件早已残破不
> 全。东大房虽然坍毁较少，但大部木件糟朽，随时有坍塌之危险。
> 省牲亭后坡已坍，抹角梁糟朽，只靠支顶维持。四檐方圆椽糟烂
> 已尽，西面两角柱早已丢失，如不及早拆除，待其自然坍塌，则
> 现存之木料、瓦件全毁，实不如早为拆除更好。

然而，拆下来的木料，也未全部保留下来。后来发生了"文化大革命"，清东陵的保护停滞不前。当时出于做战备的需要，孝陵、孝东陵、景陵、定陵、惠陵、慈安陵被军队接管，景陵隆恩殿和东西配殿被当作军需库房，院内院外到处杂草丛生，破败不堪的景象令人心酸。直到 1978年 9 月 19 日，军队才将孝陵移交给清东陵文物保管所；9 月 26 日，军队将景陵移交给清东陵文物保管所。

景陵的惨状命运，不仅仅是中国人的悲哀，也是全人类的悲哀。《国际古迹保护与修复宪章》中指出："世世代代人民的历史古迹，饱含着过去岁月的信息留存至今，成为人们古老的活见证。人们越来越意识到人类价值的统一性，并把古代遗迹看作共同的遗产，认识到今后保护古迹的共同责任。将它们真实地、完整地传下去是我们的职责。"文物古迹是文明的载体、历史的见证，是一定历史时期人类社会生活的产物。它能从某个角度客观真实地反映那个时代的政治、经济、军事、文化、艺术、科学的水平。文物古迹之所以有其不能替代的重大作用，根本原因在于文物古迹本身所具有的真实性，可以说文物古迹的真实性是其生命线和内在的灵魂。

清东陵的文物古迹涵盖了三个半世纪的历史，清东陵的一砖、一瓦、一石、一木都从一个侧面反映了清朝的兴衰荣辱。清东陵所葬的顺治帝、康熙帝、乾隆帝、孝庄文皇后、慈禧皇太后等人物都是清代举足轻重的政治人物。清东陵的裕陵地宫、慈禧三殿等建筑的建造工艺，又都具有极高

的历史和艺术价值。

2000 年 1 月 15 日，世界文化遗产评估专家让·路易·卢森先生考察评估清东陵时，曾慕名特地观看了景陵。面对充分体现中国古人天人合一的独特匠心的清东陵时，他高兴地在留言簿上写道：

在中国，当我来到清东陵这个评估现场的时候，我非常高兴。对你们所进行的文物保护工作，我表示非常尊敬。文化遗产是整个人类的成就，可以和自然奇观媲美，我非常高兴。

第五章

景陵地宫里的五个后妃

在景陵地宫里葬有六个人，由于地位尊卑关系，作为男人的皇帝属于主葬，其他的人则属于祔葬和从葬。于是女人中位号是皇后的是祔葬，位号为皇贵妃的则属于从葬。而且，皇贵妃葬入帝陵地宫属于首例，是因母以子贵而破格葬入的。这些就是他们虽葬在一起，但却也存在的尊卑关系。

一、四个皇后葬一起

景陵葬有一帝四后一皇贵妃，共六个人，由于他们生前身份的尊卑关系，致使他们死后神牌的位次也有前后关系。

据《陵寝易知·神牌位次》记载，景陵隆恩殿中暖阁供奉着圣祖仁皇帝神牌、孝诚仁皇后神牌、孝昭仁皇后神牌、孝懿仁皇后神牌、孝恭仁皇后神牌，西暖阁供奉着敬敏皇贵妃神牌。

按照男尊女卑，以及他们死亡时间和左尊右卑的次序，景陵地宫的六具棺椁的排列位次是这样的：康熙帝棺椁居中，孝诚仁皇后棺椁居左，孝昭仁皇后棺椁居右，孝懿仁皇后棺椁次左，孝恭仁皇后棺椁次右，敬敏皇贵妃棺椁在右侧的垂首棺床上。

皇后之宝及宝文

景陵地宫里葬有四位皇后，这在清朝皇帝陵中是最多的。那么，何为"皇后"？什么样的女人又能成为"皇后"呢？

"皇后"这个词语正如"皇帝"这个词语一样，也是一种位号，在封建时代是一种代表身份和地位的尊称。《汉书·外戚传》记载："帝母称皇太后，祖母称太皇太后，嫡妻称皇后。"古人认为："后亦君也。天曰皇天，地曰后土，故天子之妃，以后为称，取象二仪。"即天和地。这是古人对"后"的理解和解释。

在清朝，能够戴上皇后桂冠的女人有三种情况：

（一）皇帝本人册立。皇帝即位之前的嫡福晋，比如乾隆帝即位后就册立他的原配福晋富察氏为皇后；皇帝即位的时候年龄幼小，还没有结婚，通过大婚以后立的皇后，比如康熙帝、同治帝、光绪帝，成年后他们通过大婚立的皇后；还有就是皇帝当时还没有即位，他的原配福晋就已去世，皇帝即位后也会追赠死去的原配福晋为皇后。

（二）嗣皇帝尊封。这个女人虽然不是先帝的原配福晋，但是由于先帝死后她的儿子当上了皇帝，于是其子尊他亲生母亲为皇太后，由于有了皇太后这个身份，因此这个女人也就自然成了他皇父的皇后了。

（三）报恩晋尊。在清朝还有一个特例，就是对嗣皇帝有抚育之恩的妃子，为了报答她的养育之恩，嗣皇帝晋尊其为皇太后。比如，道光帝的皇贵妃博尔济吉特代曾抚养过咸丰帝，因此她被尊为皇太后，于是也就成了道光帝的皇后了。

康熙帝的这四个皇后，虽然她们死后同葬一个地宫，但她们生前的身世和经历却各有特点。下面根据档案和史料记载，简单介绍一下康熙帝的这四个皇后。

孝诚仁皇后，康熙帝的结发之妻。

孝诚仁皇后，赫舍里氏，满洲正黄旗人。她的祖父索尼是四朝元老，位居康熙初年的四大辅臣之首，父

孝诚仁皇后朝服像

111

亲噶布喇是领侍卫内大臣。孝诚仁皇后生于顺治十年（1653）十二月十七日。康熙四年（1665），康熙帝的祖母太皇太后不顾权臣鳌拜的阻挠，决定立这位大清功臣的女儿为皇后，于是七月初七日行纳聘礼，九月初八日行大婚礼，正式册立为中宫皇后。当时孝诚仁皇后刚刚十三岁，康熙帝玄烨刚十二岁，实际孝诚仁皇后只比玄烨大四个月。康熙八年（1669）十二月十二日，孝诚仁皇后为康熙帝生了一个皇子，起名叫承祜。在这之前，庶妃马佳氏已生了皇子承瑞，所以承祜排行为皇二子，后来承瑞于康熙九年（1670）夭折了，承祜就成了事实上的皇长子。又因为他是皇后所生，属于嫡出，加上承祜英俊聪明，所以他颇受康熙帝和孝诚仁皇后的喜爱，被视为掌上明珠。未想到承祜只活到四岁就死了，给康熙帝和孝诚仁皇后以极大的精神打击。康熙十三年（1674）五月初三日，孝诚仁皇后又为康熙帝生了一个皇子，康熙帝欣喜若狂，为使这个皇子平安无事，仿照汉人做法，给他起了一个乳名叫保成，大名叫胤礽（雍正帝即位后改称为允礽）。因为胤礽在出生时，他的六个兄长中已死了五个，所以胤礽排行为皇二子。胤礽是上午十时生的，因为是难产，孝诚仁皇后在当天下午四时死于坤宁宫，芳龄仅二十二岁。

康熙帝与孝诚仁皇后结婚十年，感情笃深，非常恩爱。然而没想到皇后英年早逝，这使康熙帝痛断肝肠，悲痛不已。康熙十三年（1674）正是三藩叛乱的第二年，叛军几乎占据了半个中国，气势正盛，而清军平叛前线战事吃紧。二十一岁的康熙帝既要处理国政，还要指挥平叛战争，废寝忘食，昼夜操劳。尽管如此，为了痛悼爱妻，康熙帝还是在日理万机的紧张时刻，辍朝五日。从五月初六日到五月三十日这二十五天里，其中有二十天康熙帝都亲自到孝诚仁皇后梓宫前举哀、奠酒，进行祭奠。孝诚仁皇后死后两天即五月初五日，其梓宫移到西华门外殡宫暂安，因当时康熙帝的陵寝尚未营建，只得于五月二十七日将梓宫移到巩华城殡宫暂安。为了早日安葬孝诚仁皇后，康熙帝就派大臣到遵化孝陵附近相度万年吉地，并开始营建陵寝。康熙二十年（1681）二月十九日，孝诚仁皇后和孝昭仁皇后的梓宫一同移往山陵。康熙帝沿途护送，三月初八日凌晨四时，两位皇后的梓宫正式入葬景陵地宫。

经雍正、乾隆、嘉庆三朝加谥，孝诚仁皇后的最后谥号全称为：孝诚恭肃正惠安和淑懿恪敏俪天襄圣仁皇后。

孝昭仁皇后，钮祜禄氏，满洲镶黄旗人，她的祖父是清朝的著名开国功臣额亦都，被封为宏毅公，配享太庙。她的父亲遏必隆是清初的著名将领，屡立战功，是顺治帝临终任命的四大辅政大臣之一，

孝昭仁皇后半身常服像

后来被尊为太师。幼年孝昭仁皇后就被选入皇宫，封为妃。康熙十三年（1674）孝诚仁皇后死后，中宫悬缺，太皇太后对这件事非常关心，经过反复细心挑选，认为钮祜禄氏"钟祥世族，毓秀名门，秉性温庄，度娴礼法。柔嘉表范，凤昭令誉于宫庭；雍肃持身，允协母仪于中外"，可以继立为皇后。康熙十六年（1677）八月二十二日，派大学士索额图为正使，大学士李蔚为副使，持节正式册立钮祜禄氏为皇后。无奈红颜薄命，钮祜禄氏刚当了半年皇后，就于次年二月二十六日病死于坤宁宫。如果按与康熙帝同岁算，死时年仅二十五岁。钮祜禄氏虽然当皇后时间不长，但她幼年入宫，侍奉康熙帝的时间并不短，康熙帝对她也很有感情，因此在她死后，康熙帝也辍朝五日，并在丧期内几乎天天到她梓宫前奠酒、举哀。因当时正处于平定三藩叛乱的战争年代，康熙帝下令免直隶各省文武官员齐集举哀、制服及遣官进香等活动，出征的王、贝勒及各官员的妻子免服丧服、摘耳环、剪发。孝昭仁皇后死后两天，其梓宫从坤宁宫移到武英殿暂安。三月二十五日从武英殿移到巩华城殡宫暂安。三月初二日，康熙帝令内阁和翰林院等为钮祜禄氏拟定谥号。由于谥法有"慈惠爱亲曰孝，圣闻昭达曰昭"之说，大学士拟谥号"孝昭皇后"上奏，康熙帝认为很恰当，

立即批准。册谥礼于康熙十七年（1678）闰三月二十一日在巩华城殡宫举行，遣和硕庄亲王博果铎、多罗信郡王鄂札赍册宝前往册谥。康熙二十年（1681）二月十九日，孝昭仁皇后的梓宫与孝诚仁皇后梓宫一同移往遵化昌瑞山东陵，于三月初八日寅时葬入景陵地宫。

经雍正、乾隆、嘉庆三朝加谥，孝昭仁皇后的最后谥号全称为：孝昭静淑明惠正和安裕端穆钦天顺圣仁皇后。

孝懿仁皇后便服像

孝懿仁皇后，佟氏，初为汉军八旗，以后抬入满洲镶黄旗，改姓佟佳氏。由于皇后身份尊贵至极，有"国母"之称，所以皇后人选应选自八旗中的上三旗。清朝入关后，满洲八旗有上三旗和下五旗之分，上三旗指的是镶黄旗、正黄旗和正白旗。其余的镶白、正红、镶红、正蓝和镶蓝旗，则属于下五旗。上三旗由皇帝亲自统帅，故其政治地位高于下五旗。按照清朝的制度，旗籍在一定条件下是可以变更的，即可由下五旗升入上三旗，称为"抬旗"。又因实际选皇帝后妃时，才德具备的下五旗秀女也在选择的范围内，于是就是出身下五旗的妃嫔，也会由于生的儿子当上皇帝，母以子为贵而成为皇太后的，为了抬高其娘家的政治地位，因此其母妃及其娘家所在旗籍也会随之升为上三旗。

孝懿仁皇后的姑母是康熙帝的生母——即顺治帝的孝康章皇后，民间称做"姑做婆"。她的父亲佟国维既是康熙帝的舅父，也是岳父。因此孝懿皇后是康熙帝的表妹。康熙十六年（1677）八月二十二日，佟氏被册封为贵妃。康熙二十年（1681）十二月二十日，晋封为皇贵妃。康熙二十二年（1683）六月十九日生皇八女，不幸的是此女出生仅一个月就死了。康熙二十八年（1689）七月初，佟氏得了病，而且很重，皇太后知道了这件事后，非常关心和怜惜，联想起佟氏多年来抚育众皇子勤勤恳恳，无微不至，任劳任怨，非常不易；又想到自孝昭仁皇后死后，十多年来，中宫久虚，因此皇太后给康熙帝下了一道懿旨：

> 皇贵妃佟氏，孝敬性成，淑仪素著，鞠育众子，备极恩勤。
> 今忽而遘疾，势在濒危，予心非常轸惜，应即立为皇后，以示
> 恩宠。

于是康熙帝遵照皇太后懿旨，于七月初八日发出谕旨，宣布正式册立皇贵妃佟氏为皇后。皇帝册封妃嫔，从发出谕旨到行册封礼，一般需要几十天，甚至几个月的时间，而册立皇后所用的时间则更长。这次因佟氏已病势垂危，情势急迫，经过昼夜紧张准备，在谕旨发出后的第二天即七月初九日上午就举行了册立礼（笔者注：据《清实录》记载，康熙帝发布册封孝懿仁皇后谕旨日期为"七月初八日"，册封日期为"七月初九日"；据《康熙起居注》记载，康熙帝发布谕旨日期为"七月初九日"，册封日期为"七月初十日"）并颁诏全国。可是，佟氏实在命舛福薄，在被册立为皇后的第二天下午就死了。她虽然只当了三天皇后，但她的丧葬礼仪还是完全按照皇后的等级办理的。康熙帝辍朝五日，穿素服十天。九月二十二日行册谥礼，谥为"孝懿皇后"。孝懿仁皇后死后，她的梓宫先停放在承乾宫正殿，同年七月十三日梓宫移到朝阳门外殡宫。十月十一日，康熙帝亲自护送梓宫奉移山陵。十月二十日，孝懿仁皇后梓宫葬入景陵地宫。

经雍正、乾隆、嘉庆三朝加谥，孝懿仁皇后的最后谥号全称为：孝懿温诚端仁宪穆和恪慈惠奉天佐圣仁皇后。

孝恭仁皇后，雍正帝的生母。

孝恭仁皇后，乌雅氏，满洲正黄旗人。其父是护军参领威武。她生于顺治十七年（1660），十多岁就被选入了皇宫，成为皇帝众妃嫔中地位比

较低下的嫔御。美国学者恒慕义先生在 1943 年出版的《清代名人传略》中说："雍正……他是圣祖康熙帝的第四子，其母孝恭皇后原系宫女，胤祺生后一年，始晋为嫔妃。"她所生的皇子就是大清国入关后的第三帝清世宗雍正帝，那年乌雅氏十九岁。据《清实录》和泰陵圣德神功碑文记载，乌雅氏生雍正帝时情景如同神话般，乌雅氏"尝梦月入怀，华彩四照；诞生之夕，祥光煜爚，经久弗散，阖宫称异"。乌雅氏生育了这位皇子之后，她的日子就有了好运，地位也开始不断上升。康熙十八年（1679）十月十三日被册封为德嫔。康熙十九年（1680）二月初五日，生皇六子允祚（雍正帝即

孝恭仁皇后朝服像

位之前其名为胤祚）。康熙二十年（1681）十月二十五日晋封德妃，十二月二十日举行册封礼。康熙二十一年（1682）六月初一日，生皇七女。康熙二十二年（1683）九月二十二日，生皇九女固伦温宪公主。康熙二十五年（1686）闰四月二十四日，生皇十二女。康熙二十七年（1688）正月初九日，生皇十四子允禵（雍正帝即位之前其名为胤祯），即后来的抚远大将军、恂郡王。孝恭仁皇后共生育了六个儿女，在康熙帝四位皇后中是生育子女最多的。康熙帝驾崩后，孝恭仁皇后痛不欲生，饮食俱废，要以身殉夫，追随康熙帝于九泉之下。雍正帝跪在孝恭仁皇后面前，一边哭一边苦苦哀求说："皇考以大事遗付冲人，今圣母若执意如此，臣更何所瞻

依，将何以对天下臣民？"孝恭仁皇后仍然不吃不喝。见此，雍正帝最后表示：如圣母仍坚持要殉葬，那么，我这个皇帝也不当了，也随圣母一起死。在这种僵持情况下，孝恭仁皇后才被迫答应不殉葬，恢复了饮食。雍正帝即位后，便尊其生母乌雅氏为皇太后，并拟定了"仁寿"二字的徽号，但还未来得及举行上徽号礼，孝恭仁皇后就于雍正元年（1723）五月二十三日病死了，享年六十四岁。孝恭仁皇后的梓宫停放在宁寿宫正殿，五月二十六日移到景山寿皇殿。六月二十日总理大臣等会议，恭请康熙帝的四位皇后同祔圣祖庙，尊谥并加"仁"字。对此，雍正帝谕旨：

> 朕惟母后升祔太庙，大典攸关，欲申臣子之孝思，必准前代
> 之成宪，务得情理允协，乃可昭示万年。

于是诸王大臣等引据宋朝太宗、真宗四后祔庙之礼事上奏，雍正帝以此为例，"恭惟孝诚仁皇后元配宸极；孝昭仁皇后、孝懿仁皇后继位中宫；孝恭仁皇后诞育朕躬，母仪天下。按先儒祔庙之仪：一元后、一继立、一本生、以次并列。今母后升祔位次，当首奉孝诚仁皇后，次奉孝昭仁皇后，次奉孝懿仁皇后，次奉孝恭仁皇后。如此庶于古礼符合，而朕心亦安矣。"于是将康熙帝的四位皇后神牌同时入享太庙。八月十二日为孝恭仁皇后行上谥礼。因为孝恭仁皇后死时康熙帝的梓宫还停在景陵隆恩殿内，没有葬入地宫，所以她得以与康熙帝合葬于景陵。雍正元年（1723）八月十八日，孝恭仁皇后梓宫奉移山陵，九月初一日与康熙帝一起葬入景陵地宫。

经乾隆、嘉庆两朝加谥，孝恭仁皇后的最后谥号全称为：孝恭宣惠温肃定裕慈纯钦穆赞天承圣仁皇后。

景陵地宫里的五个女人，除了康熙帝的四位皇后外，还葬有康熙帝的一位皇贵妃——敬敏皇贵妃。

二、破格从葬地宫的皇贵妃

敬敏皇贵妃，章佳氏，满洲镶黄旗人，是参领海宽的女儿，入宫后被封为妃。康熙二十五年（1686）十月初一日，生皇十三子胤祥。康熙二十六年（1687）十一月二十七日，生皇十三女和硕温恪公主。康熙三十年（1691）正月初六日，生皇十五女和硕敦恪公主。康熙三十八年（1699）七月二十五日，这位给康熙帝生育了一男二女的皇妃溘然长逝。

康熙帝对这位温良柔顺的皇妃怀有特别的深情，于是在章佳氏死后七天即闰七月初二日，康熙帝向礼部发出一道上谕：

> 妃张雅氏（即章佳氏），性行温良，克娴内则，久侍宫闱，敬慎素著，今以病逝，深为轸悼，其谥为敏妃。应行礼仪，尔部察例行。

康熙皇十三子胤祥画像

在清朝，只有皇后、皇贵妃死后才赐予谥号，贵妃得谥要奉特旨，因此妃子获谥是很少见的，这足见康熙帝对敏妃是十分喜爱的。但尽管如此，康熙帝并没有将敏妃葬入景陵地宫，康熙帝给她的最终封号也只是妃级别。

在康熙朝，孝昭仁皇后的妹妹温僖贵妃不仅是地位比敏妃更为尊贵的"贵妃"，而且还死在敏妃之前，却无缘死后从葬景陵，为什么敏妃却有此殊荣呢？

敏妃能死后得到"皇贵妃"封号，以及从葬景陵地宫，其原因就是她的儿子是雍正帝的心腹。胤祥在雍正帝即位之初，改名为允祥，被封为怡亲王；雍正四年七月，雍正帝赐"忠敬诚直勤慎廉明"匾额，并特诏其仪仗比亲王加一倍；雍正八年（1730）五月初四日，胤祥死后，雍正帝特谕恢复其原名为"胤祥"，不再避讳皇帝名讳，配享太庙，入祀京师贤良祠。由此可见，敏妃的儿子是多么深得雍正帝的宠信。母以子贵，于是追封胤祥的生母敏妃为"皇贵妃"。

然而，雍正帝对于追封敏妃为皇贵妃，以及将敏妃葬入景陵的原因都说成是遵照康熙帝的心愿。

雍正元年（1723）正月二十六日，雍正帝谕令礼部：

> 昔日皇考建设妃园寝为母妃等殡所，惟敏妃母妃一位，皇考曾降旨暂安于陵寝琉璃花门之内宝城近处，俟入宝城。今钦遵皇考原旨，奉敏妃母妃安于宝城内。在宝城内安放者只有敏妃母妃一位，应追封为皇考皇贵妃。应行典礼，尔部议奏。

雍正帝的这道谕旨告诉我们三件事情，一是敏妃（棺椁）曾暂安于景陵妃园寝内；二是敏妃葬入景陵宝城内是雍正帝遵照康熙帝的原意，并不是他的本意；三是因为敏妃只是"妃"等级，为了能葬入景陵地宫，只能再次抬高其身份，因此追封她为"皇考皇贵妃"。

虽然雍正帝的谕旨解释了敏妃葬入景陵的原因，以及敏妃被追封为皇贵妃的原因，却又因此引发了三个疑问：

（一）既然康熙帝有意将敏妃葬入景陵地宫，为什么敏妃死后的位号仅是"妃"，并且康熙帝不在自己生前就将其葬入景陵地宫呢？

可见，雍正帝说康熙帝生前有"降旨"将敏妃葬入景陵是欲盖弥彰的谎言，是根本不存在的，反正雍正帝是皇帝，他既然这么说了，也没有人与他较真去寻找那份他所说的康熙帝"降旨"的原件。

（二）敏妃死后是火化还是棺椁入殓的？

据居住在景陵妃园寝附近的东沟村老人说，景陵妃园寝内的墓主人，有的是火化入葬的骨灰坛，有的是棺椁入葬的。又据新中国成立之前盗掘景陵的盗墓贼所说，景陵地宫内摆放着六口棺椁，这六口棺椁中肯定有一口是敏妃的，如果这样的话，敏妃死后没有被火化，是棺椁入葬的。可是，据《康熙朝满文朱批奏折全译》记载，康熙四十一年，贵人和常在死后，火化尸体后装骨灰坛，再将骨灰坛装入棺椁（见本书第 169 页、170 页引用原文）。由此可见，即使景陵地宫中的敏妃使用的是棺椁，也不排除是火化后其骨灰坛再放入棺椁的。因此，敏妃死后是否火化，现在也是历史之谜。

（三）死于康熙三十八年（1699）七月的敏妃在雍正帝下这道谕旨之前，葬在哪里？

如果仅从雍正帝这道谕旨的字面上分析，敏妃死后停灵于景陵妃园寝园寝门内，等待合适时间葬入景陵地宫。因为据分析，敏妃入葬景陵地宫之前，早已经安葬。其证据有两个：

1. 东陵守护官员编写的《陵寝易知》上记载："敬敏皇贵妃（康熙三十八年）七月二十五日薨，于三十八年十月奉安。"《陵寝易知》是东陵守陵官员为了祭祀上的方便而编纂的工作手册，其内容的真实性是不用置疑的。

2. 据东陵守护官员绘制的景陵妃园寝平面图记载，景陵妃园寝内有一座宝顶下的地宫是空券，空券的位置在第五排东面第三个宝顶的下面。对于空券的原因，研究者认为，这个宝顶下面曾葬过敏妃，因为该地宫使用过了，不宜再葬入别人，所以只能空着。否则，按照清朝制度，皇帝的妃嫔死后，大多数都会在数月或者几年内安葬，不可能将敏妃停灵二十四年不葬。再者，将敏妃停灵二十四年不葬，也没有任何令人信服的理由。于是景陵妃园寝就出现了一个空券，而《陵寝易知》上记载的敏妃安葬日期，就应该是她葬入景陵妃园寝的日期。

据《大清会典》和《清皇室四谱》上记载，敏妃葬入景陵地宫的时间是雍正元年九月初一日，笔者认为这是不对的。敏妃葬入景陵地宫的时间应该在康熙帝和孝恭仁皇后入葬之前。对此，笔者的根据是，东陵官方档案《昌瑞山万年统志》上的这段记载：

> 圣祖仁皇帝陵，在孝东陵之东南里许，康熙二十年营建告成。于沙河殡宫奉移孝诚仁皇后、孝昭仁皇后梓宫，于三月初八日奉安地宫。二十八年十月二十日，奉移孝懿仁皇后梓宫同安地宫。雍正元年九月初一日巳时，奉移圣祖仁皇帝梓宫、孝恭仁皇后梓宫，永安宝城地宫。六月二十六日，敬敏皇贵妃祔葬。

通过这段记载可以知道，康熙帝和孝恭仁皇后葬入景陵地宫的时间是雍正元年九月初一日，敏妃即敬敏皇贵妃葬入景陵地宫的时间是雍正元年六月二十六日。又据《世宗宪皇帝实录》记载，雍正元年六月二十五日，雍正帝追封圣祖敏妃为皇考皇贵妃。按照常理分析，敏妃被追封为皇考皇贵妃之后，其妃等级晋封之后，其享受的待遇也要相应提升，对于一个已经死了的女人来说，最能体现她死后最高待遇的无非是能与皇帝葬在同一座地宫内，于是在晋封敏妃封号之后的第二天就正式改葬在景陵地宫里面了。因此，笔者认为，敏妃葬入景陵地宫的确切时间应该为雍正元年六月二十六日。

另外，还有一件事值得一提，就在康熙朝的敏妃的丧期内，曾发生过一件震动朝野的剃发案。康熙三十八年（1699）九月初，当敏妃丧期未满百日之时，康熙帝的皇三子诚郡王允祉擅自剃了发，被人告发。

在清朝，凡是男子都必须把头的前半部的头发剃掉，把后半部的头发编成一条

康熙皇三子允祉像

辫子，前半部的头发一长起来，就要及时剃掉，长期保持光光的。人们对这种发式早已习以为常，如果不及时剃掉，反倒觉得不舒服。但是如果遇到皇太后、皇帝、皇后去世等国丧，上至亲王，下至庶民，在百日以内不得剃发。如果皇帝的妃子薨逝，皇帝指派的皇子、王公大臣、办理丧事的官员以及有关人员在百日内也不得剃发，以此表示对死者的哀悼和敬意。否则则以大不敬严惩，重者杀头，轻者削职为民或流放。

康熙帝闻知皇三子剃发一事大怒，立即降旨将允祉拘禁在宗人府严加议罪，并且还将办理允祉王府事务的两个侍郎及王府的长史也锁拿入狱，从重议罪，其罪名则是对允祉的违制行为未能劝阻。众大臣遵照康熙帝的旨意，经会议，拟对允祉等人做如下处理：革去允祉的王爵；将办理王府事务的刑部左侍郎绥色、右侍郎辛保、王府长史马克笃、一等侍卫哈尔萨全部革职，带上刑枷示众三个月，并且每个人还要被鞭打一百，不准折赎。康熙帝看了大臣拟的处理意见后，朱笔一挥，做了如下批示：

　　允祉从宽革去郡王，降为贝勒。辛保、马克笃、哈尔萨俱革职，鞭一百，允许折赎；绥色自任侍郎以来，实心效力，从宽免罪，仅将管理王府事务的差使革去。

皇帝的那些妃嫔们

第 六 章

作为最高国家统治者皇帝的私生活，往往最能吸引人们的关注，于是皇帝妃嫔身份的区分和确定过程，则成为人们关注的重点。在清朝能当上皇帝的妃嫔，不仅有民族之分，还有特定的方式——选秀女。由于当皇帝时间长，康熙帝后宫的妃嫔数量很多，但并不是所有的妃嫔都可以葬入风水墙内的园寝，尤其是那些低级位号的妃嫔。

一、妃嫔分等级

人们常说:"皇帝有三宫六院七十二妃嫔。"其实,在历朝历代,皇帝后宫中所有的女子包括那些宫女,都是供皇帝一个人驱使享用的,根本谈不上数量的限制,但是出于封建礼教的虚伪性,往往在典章礼法上还是做了一些表面上的规定。

清初,清朝的后妃制度并不健全,其后妃制度是随着封建专制制度的确立和发展而逐步形成和完善的。

清太祖努尔哈赤时期,由于没有建立后妃制度,后宫妃嫔的数量随意性很强,后妃的位号称呼也只是沿袭满族多年来的习俗,正妻称"福晋"或"大福晋",后来称为"大妃",妾称"侧福晋"或"小福晋"。天聪元年(1627),清太宗皇太极为了区别诸多福晋的位号,以福晋的住所方位确定福晋的位号,有中宫大福晋、西宫福晋、东宫福晋。天聪元年(1636)四月十一日,皇太极改"汗"称"皇帝",改"后金"为"大清",改年号"天聪"为"崇德",并开始建立后妃制度,于七月初十日正式册立了清朝历史上第一位皇后——孝端文皇后,即原先的中宫大福晋博尔济吉特氏,《满文老档》上称之为"中宫国君福晋",以及东宫(关雎宫)的宸妃、西宫(麟趾宫)的贵妃、次东宫(衍庆宫)的淑妃、次西宫(永福宫)的庄妃。因此,在《清史稿》上有这样的记载:

> 太祖初起,草创阔略,宫闱未有位号,但循国俗称"福晋"。福晋盖"可敦"之转音,史述后妃,后人缘饰名之,非当时本称也。崇德改元,五宫并建,位号既明,等威渐辨。

这就是清朝早期的后妃制度。

清朝入关定都北京后的后妃制度，《清史稿》记载：

> 世祖定鼎，循前代旧典。顺治十五年，采礼官之议：乾清宫设夫人一、淑仪一、婉侍六，柔婉、芳婉皆三十；慈宁宫设贞容一、慎容二，勤侍无定数；又置女官。循明六局一司之制，议定而未行。

然而在顺治朝，上述的清朝后妃制度并未得到执行，这可以在顺治帝的后妃陵寝中找到佐证。顺治帝的孝东陵中葬有皇后一人、妃七人、福晋四人、格格十七人。福晋，清早期称"福金"，到了乾隆年间改称为"福晋"。其实，这两个词语的意思是一样的，只是将"金"换成了"晋"而已。孝东陵的格格，指的是顺治帝的低级侍妾，因为她们并没有得到正式封号，因而被统称为"格格"。此外，还有王爷的夫人，除了有福晋、侧福晋等称呼外，也有一些低级侍妾也被称为"格格"。"格格"一词，在满族是"姑娘"的尊称，清文汇书中解释"格格"的字义是"姐姐之称，乃泛称也"，"又凡尊称女孩儿亦称之"，因此王府的女孩也统称为"格格"。还有，在雍正朝虽然也有后宫女人被称为"格格"的，并且葬入了雍正帝的泰陵妃园寝。这只能说明，清初妃嫔位号的混乱和区分尚不明确。孝东陵里葬的四个福晋也是顺治帝较低级的妾，在《清皇室四谱》中被称为"庶妃"。到了康熙年间，后妃制度才逐步健全起来，并且也有了较为规范的后妃位号。康熙朝规定：在同一时期，后宫可有皇后一人、皇贵妃一人、贵妃二人、妃四人、嫔六人，贵人、常在、答应无定数。

二、后妃的来源

清朝入关后，清帝后妃的来源主要是通过"选秀女"的方式。挑选秀

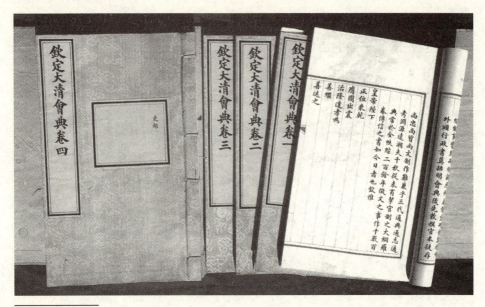

《钦定大清会典》书影

女的目的有两个，一是充实皇帝的后宫，二是为皇室子孙拴婚，或为亲王、郡王和他们的儿子指婚。

"选秀女"制度，是顺治帝定下的。《钦定大清会典》记载："选秀女，顺治年间定。"

顺治朝规定：凡满、蒙、汉军八旗官员、另户军士、闲散壮丁家中年满十四岁至十六岁的女子，都必须参加三年一度的备选秀女，十七岁以上的女子不再参加。乾隆五年（1740）又进一步规定，如果旗人女子在规定的年限之内因种种原因没有参加阅选，下届仍要参加阅选，没有经过阅选的旗人女子，即使到了二十多岁也不准私自聘嫁，如有违例，她所在旗的最高行政长官即该旗都统要被查参，予以惩治。

乾隆二十年（1755），再次补充规定：应阅视的秀女，在未受阅选之前私自与宗室王公结亲者，其母家照隐瞒秀女例议处。由于有此规定，到清末光绪年间应选秀女年龄，最小的十一岁，大的可达二十岁。因此，据说清朝八旗之家有个不成文的规定，就是在女儿出嫁之前，从来不对长辈或其他亲属行跪拜大礼。因为这些女子都要经过选秀女的程序，日后有可能成为皇帝的妃嫔甚至"母仪天下"的皇后，如果真当选的话，这些女子的亲族长辈反倒要给她们行朝廷大礼。

顺治帝为什么要设立"选秀女"制度呢?

顺治八年（1652）八月十三日，刚刚十四岁的顺治帝，迎娶了他的第一位新娘——他母亲孝庄文皇后的侄女博尔济吉特氏，这位来自蒙古科尔沁草原的皇后，由于生活极尽奢华、任性而且嫉妒心极强，与顺治帝的夫妻关系日渐疏远，两人虽近在咫尺，

顺治帝

却形同陌路。两年后，顺治帝以夫妻不和以及此婚姻系睿亲王多尔衮包办，没有经过自己挑选为由，决定将皇后废掉。虽经满朝文武大臣和自己母亲百般阻止、劝解，但还是在顺治十年（1654）八月二十六日将皇后降为静妃，改居侧宫。十月初六日，顺治帝谕王、贝勒、大臣、内院、九卿、詹、事、科、道，确定选立皇后的范围：

选立皇后，作范中宫，敬稽典礼，应于内满洲官员之女，在外蒙古贝勒以下、大臣以上女子中，敬慎选择。从之。

自此，清宫后妃的选定方式以"选秀女"形式出现，满族统治者的婚姻由被动变成主动。清朝入关前，满族统治者主要通过与相邻民族或部落通婚，特别是注重与蒙古贵族通婚的方式，以达到巩固和扩大自己势力范围的目的。顺治帝对旧有婚姻形式的改变，一方面说明了满族统治者势力的强大，另一方面也说明了满族统治者政权的进一步集中。因此，顺治帝

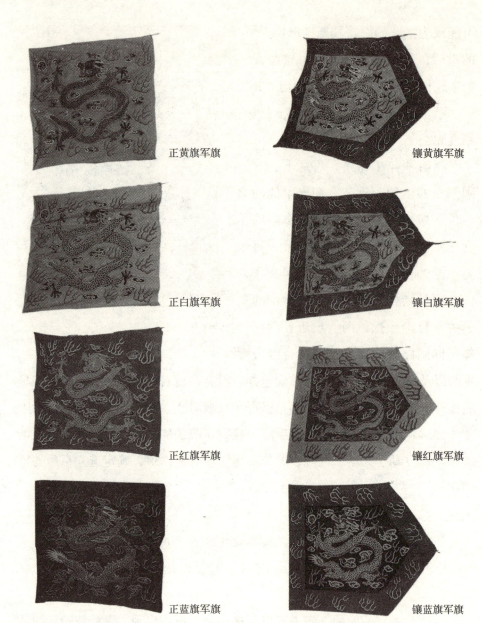

正黄旗军旗　　　　　　　　镶黄旗军旗

正白旗军旗　　　　　　　　镶白旗军旗

正红旗军旗　　　　　　　　镶红旗军旗

正蓝旗军旗　　　　　　　　镶蓝旗军旗

八旗军旗

扩大了选择后妃的范围，于是满洲官员和外藩王公大臣家的女子也被纳入了选择范围。

　　然而，秀女的选择范围仅限于满、蒙、汉八旗和内务府三旗。八旗，是清朝满族的社会组织形式。八旗制度是努尔哈赤在统一女真的过程中于万历二十九年（1601）创立的，这个制度是在女真人原来的狩猎组织基础上建立的军政合一的制度，兼有行政、军事、生产等多方面职能。初建时设黄旗、白旗、红旗、蓝旗四旗，每一旗为一兵源编队单位。万历四十二年（1614）因"归服益广"而扩大军力，将四旗改为正黄、正白、正红、正蓝，并增设镶黄、镶白、镶红、镶蓝四旗，合称满洲八旗。皇太极继位后为扩大兵源，在满八旗的基础上又创建了蒙古八旗和汉军八旗，其编制与满八旗相同。所以，满、蒙、汉八旗实为二十四旗，这是清政权赖以统治的主要军事支柱；内务府三旗，又称包衣三旗，是指满洲镶黄、正黄和正白三旗。"包衣"是满语，本意是家人、奴婢的意思。凡是三旗佐领、管带下女子，及回子佐领、健锐营番子佐领下女子，都被称为包衣三旗秀女，但她们是清皇室的奴隶，进入皇宫中则是侍奉后妃等主位的"宫女子"，而八旗秀女进宫后则是备选后妃等，二者的政治地位不同。王府的包衣，被称为"双包衣"，其地位更为低下。所以，尽管清初将八旗和包衣三旗的女子都称为秀女，但挑选的方法和她们在宫中的地位是不同的。按照记载来说，包衣家的女孩子是不能选为后妃的，但据实际考证，包衣家的女孩子还是可以后来升为妃嫔的，这主要取决于皇帝。例如康熙帝的良妃卫氏，其出身就是镶黄旗包衣。《清史稿·后妃传》叙论中记载："宫女子侍上至常在、答应渐至妃嫔。"若宫女子能得到主位的位号，是可以按例"抬旗"加入满洲八旗的，但包衣之女初选时即册封为妃嫔的，则没有先例。

　　据《钦定大清会典》《内务府则例》记载：凡八旗秀女年至十三岁即由本旗佐领查明（内务府档案记载，秀女挑单的年龄由十一岁起）。属于外旗的每届三年一选，由户部主办，可备皇后、妃嫔之选，或者赐婚近支

（即三代以内、血缘关系比较密切的）宗室；内务府三旗女子一年一选，由内务府会计司主办，主要负责承担后宫杂役。虽然其中也有一些人最终被逐渐升为妃嫔，但到了清朝后期，包衣三旗的应选女子就不再称为秀女，而在挑选宫女时，就明确地说"引见包衣三旗使女"了。这些应选的秀女，在年龄上是不能超过十六岁的，否则就算是"逾岁"了。

选秀女的要求和标准，清朝明文规定：八旗秀女阅看时，必须着旗装，严禁时装。挑选的标准：一是品德，二是门第。

挑选秀女的程序是：先由户部奏报皇帝，奉旨允准后，立即行文八旗都统衙门，由八旗的各级基层长官逐级将适龄女子花名册呈报上来，到八旗都统衙门汇总，最后由户部上报皇帝，皇帝决定选阅日期。因为有病、残疾、相貌丑陋而确实不能入选者，也必须经过逐级具保，申明理由，由都统咨行户部，户部奏明皇帝，获得允准后才能免去应选的义务，听其自行婚嫁。

清末预选的秀女

各旗选送的秀女，要用骡马车提前送到京城。由于众多秀女的家庭背景不一，官宦人家尚有车辆，而兵丁之家只能雇车乘坐。因此，乾隆朝规定："引看女子，无论大小官员、兵丁女子，每人赏银一两，以为雇车之需……此项银两……著动用户部库银。"

秀女们抵达京城后，在入宫应选的前一天，坐在骡车上，由本旗的参领、领催等"排车"，根据满、蒙、汉不同出身进行排序。最前面的是宫中后妃的亲戚，其次是以前被选中留了牌子、这次复选的女子，最后是本次新选送的秀女，分别以年龄为序排列，鱼贯衔尾而行，车竖双灯，上有"某旗某佐领某某人之女"的标识。日落时分发车，入夜时进入地安门，到神武门外等待宫门开启后下车，在宫中太监的引导下，按顺序进入顺贞门。初选完毕的秀女们在神武门外依次登上她们来时所乘坐的骡车，各归其家。对此，吴振域的《养吉斋丛录》有如下的记载：

　　挑选八旗秀女事，例归户部，每旗分满、蒙、汉为先后，满、蒙、汉之中，以女子之年岁长幼为先后。造册分咨各旗，其年至十四、十六为合例，有应挑而以病未与者，下届补挑，年已届十七以上者，谓之逾岁，则于本届合例女子之后。每日选两旗，以人数多寡匀配不序旗分也。挑选之前一日，该旗参领、领催等先排车，如排正黄、镶黄两旗，则正黄之满、蒙、汉分三处，每一处亦按年岁先后排定，然后始行，首正黄之满洲，而蒙古、而汉军。继以镶黄之满蒙，鱼贯衔尾而进。车双行，各有标识。日夕发轫，夜分入后门（地安门）至神武门外，候门启，依次下车而入。

　　清朝制度，秀女进宫出入皆由神武门。神武门为紫禁城的北门，门内是内廷宫殿，属于禁地，外朝官员不能进入。紫禁城的前三门——午门、东华门、西华门，除去皇帝携后妃到西苑三海，内廷宫妃、秀女才能跟随西华门外，其余二门皆为大臣出入，即使是后妃也不能行走。只有在皇帝大婚时，皇后才能走一次午门，即皇后乘凤舆由大清门、午门经过太和殿、中和殿、保和殿等外朝宫殿，到达坤宁宫降舆。而与皇后同时册封的妃，只能由神武门进入皇宫。

　　虽然选秀女的来源限定在八旗和内务府三旗，但也不是八旗所有女孩都应该参选秀女的。康熙朝规定：皇后家族近支或母族是"宗室觉罗"者，可以不用参选秀女。然而，据《大清会典》《八旗则例》《内务府现行则例》记载，清朝各朝对秀女应选或免选，对其家庭条件有着不同的规定。

　　应选秀女的家庭条件为：

顺治朝：1. 官员；2. 另户军士；3. 闲散壮丁。

乾隆朝：1. 乾隆八年规定：外任文官同知以上、武官游击以上。2. 乾隆十二年规定：各旗佐领下附入额鲁特女。3. 乾隆四十五年规定：密云、良乡、顺义驻防三品官以上。

嘉庆朝：1. 嘉庆十一年规定：八旗汉军文职笔帖式以上、武职骁骑校以上。2. 护军领催以上；3. 嘉庆十二年规定：皇后妃嫔亲弟姊妹之女。

免除选秀女的家庭条件为：

康熙朝：后族近支及母族系"宗室觉罗"者。嘉庆朝复列入应选。

嘉庆朝：1. 嘉庆五年规定：嫔以上亲姊妹。嘉庆十二年又一并备选。2. 嘉庆八年规定：公主之女。3. 嬷嬷亲生之女；4. 拜唐阿以下之女。

道光朝：1. 道光二年规定：旗籍抱养民人之子为嗣者其女不选。2. 道光二年规定：内务府三旗"回子""番子"之女不选。

通过清朝对选秀女的规定可以发现，即使是满、蒙、汉八旗秀女，也不是全部都参选秀女的。这说明，能参选清朝秀女还是有一定条件限制的，而且这种限制在各朝是不一样的。但也有一点可以肯定，那就是按照既有的明确规定，选秀女的范围是在满、蒙、汉八旗和内务府三旗家庭中，在此之外的其他的民族家庭的女孩子是不会参加选秀女的。

然而，通过对顺治朝、康熙朝、雍正朝和乾隆朝后妃的民族研究发现，事实上，清朝皇帝的后妃来源不仅仅限于满、蒙、汉八旗和内务府三旗，还有来自汉族的女子和维吾尔族女子，而这些民族家庭的女子，按规定是不能也不会参选秀女的。如顺治帝的恪妃是汉族。但如果说顺治帝的恪妃进宫是在"选秀女"制度出台之前，那么通过研究康熙帝后妃的民族属性后可以发现，康熙帝有记载的后妃中，有五人是来自汉族，这是因为在皇家玉牒中对其父亲的记载并无官职，因此可以说明她们并不是来自汉军八旗，其母家只能是一般庶民阶层。又据一首《枝巢清宫词》记载：

苏浙南巡六度临，宫中从此有南音。

　　　　侍书未久攀髯泣，永苍凄凄白奈籍。

诗注为："圣祖晚年，始有汉姓女子六七人，传多苏杭籍，然皆无位号，至六十一年始尊封贵人，或称庶妃，列帝系号。"因为这首清宫词所记载的康熙帝晚年后妃情况与史料记载大致相同，因此可以确定，康熙帝晚年的汉族后妃女子，其来源很可能是来自苏杭，并且是康熙帝六次南巡时带回来的。具体说这些汉族女子是怎么被康熙帝见到并看上的，估计很可能是当地官员的推荐或者康熙帝的有意挑选。因为她们有生育子女，于是在康熙帝死后地位得到了晋封，获得了位号，并在死后能葬入康熙帝的妃园寝。又如乾隆帝的容妃，其民族为维吾尔族，而且其进宫时的岁数已 27 岁，并且是迁居北京后进入皇宫的，她进入皇宫，更不可能是选秀女。

　　通过以上记述可以得出这一结论，清朝皇帝后妃的来源，并非只有选秀女这一途径，也有其他的民间或官方的方法，只不过清朝官方档案对此并没有明确记载罢了。

三、康熙帝有多少妃嫔

　　曾有读者问："据徐广源老师《正说清朝十二帝陵》一书介绍'清东陵的景陵、景妃园寝及双妃园寝共埋葬着康熙帝的五十五位后妃'，这五十五位后妃从皇后到答应，级别不等，但既然能够埋到景陵序列的皇家陵寝中，就足以说明她们和康熙帝有夫妻关系。可《百家讲坛》的阎崇年老师在《正说清朝十二帝》（2005 年 9 月第 15 次印刷）中却写：康熙帝有四十位配偶。这五十五位后妃与四十位配偶有什么样的联系与区别呢？"

　　对于读者的这个疑问，可以这样回复："以上两种说法都是有一定根据的，之所以会出现这样两个不同的数据，是因为根据不同的资料而出现的两种不同的统计方法。例如所说康熙帝有五十五位后妃，其数量是根据康熙帝陵寝地宫内实际葬的人数而说的，这在清东陵守护官员编写的《陵寝易知》《昌瑞山万年统志》中都有详细的妃嫔位号及入葬时间的记载。而阎崇年老师所说'康熙有四十位配偶'的说法，其根据来源是皇家玉牒上的记载。'玉牒'实际上就是民间常说的'家谱'，只有皇帝的家谱被称为'玉牒'。在玉牒中，皇帝的低级侍妾如常在、答应等都不载入其中，于是玉牒中记载的皇帝后妃数远远少于葬入皇陵的实际数。所以对于康熙帝具体有多少后妃，还是应该以埋葬陵寝内的人数为准，即康熙有五十五位妃嫔。"

之所以这么回答，其原因很简单，凡是能葬入皇陵的后妃，都是清朝官方承认的，所以皇陵埋葬的后妃数量也是最接近皇帝实际有的后妃数量，因此相信这种说法也是最容易被人们理解和接受的。

既然不同的统计方式会有不同的统计数量，那么在历史上，如果包括低级侍妾在内，以及没有能葬入陵寝的那些人，康熙帝到底有多少妃嫔呢？

康熙帝在位时间长达六十一年，随着"选秀女"制度的执行，以及各种进入后宫的途径，其后宫的妃嫔数量也会因此随之增长的。据一些清宫档案记载分析，康熙帝的后宫妃嫔，或者再准确一点儿说，有资格给康熙帝侍寝的女人应该不会少于三百人。

据章乃炜编纂的《清宫述闻·初续编合编本》记载，乾隆五十四年（1789）正月，总管内务府"遵旨查得，康熙四十六年，乾清宫主位十六位，大答应十人。景阳宫大答

总管内务府印

应四十七人，小答应八十二人。毓庆宫主位三人，大答应七人，小答应二十二人。所内答应四十一人，学生三十八人，女子共一百三十二人。一年宫分份例等项，约计共需银三万七百九十八两一钱五分八厘。"这就是说，在康熙四十六年（1707），乾清宫有主位十六人，清宫中嫔以上位号的女人均被称为主位，大答应十人；景阳宫共有大答应六十四人，小答应一百零四人，答应四十一人；毓庆宫主位三人，大答应七人，小答应二十二人；所内答应四十一人，经统计这三处答应以上位号的女人共有三百零八人。这还不包括那些被称为"学生""女子"的女人。

那么，在清宫中这些被称为"学生""女子"的女人其身份是什么呢？如果从排列顺序上看，"学生"级别的人身份要高于"女子"，因此分析认为，被称为"学生"的女人很可能是进入皇宫侍奉皇帝前学习规矩的皇帝侍妾，其地位略高于宫女，为了让新入宫女人熟悉并掌握宫中的规章制度以及服侍皇帝或皇后、妃嫔等需要掌握的礼仪知识和生活技巧，新入宫的女人就要跟随一些宫中主位或者在宫中有一定地位的人学习这些基本知识，因此这些学习规矩的女人被称为"学生"。"女子"这个词语，很可能是学习结束但还未获得封号的女人，或者是年龄尚小的女孩子，属于"宫中待年"的皇帝侍妾。如埋在孝东陵的顺治帝的悼妃；埋在东陵风水墙外老贵人园寝的雍正帝的老贵人，应该都属于"女子"级别的"宫中待年"的皇帝侍妾，她们的"妃"和"贵人"位号，是死后获皇帝特殊恩赐的。又如乾隆帝的容妃入宫时未获得"和贵人"位号前，在皇后那里学习规矩，学习结束后被封为"和贵人"。当时内务府档案中写道："二月初三日，总管王常贵传，皇后下学规矩女子封和贵人。"

对于康熙朝首次出现的"常在""答应"这两个低级别的新位号，据称，她们的身份地位很可能就是像《红楼梦》中王熙凤房中的平儿和贾宝玉房中的袭人，在书中的角色被称为"琏二奶奶房内的"和"宝玉房内的"，说妻不是妻，说妾不是妾，说主子还不是主子，但还有主子的一些权力，说妾不是妾，但又有妾的角色。说是丫头但又比一般丫头地位还高很多的女人，是一种地位比较高的，还多少有一些小小权力的高级丫头。又因为她们中有的人负责卧室，有的人负责管理外屋，于是当时的"答应"中又分为"大答应""答应"和"小答应"。

虽然现在无法知道"大答应""答应""小答应"三个位号之间的区别，除了称呼上的差异，是否还存在侍寝皇帝几率大小，但有一点可以肯定，那就是这些女人的位号都是康熙帝加封的，即使是随意加封的，也算是表示她们身份等级不同于普通宫女。查档案可知，清宫嫔以上位号的女人，其位号大多都是先诏封后册封，在宫中被称为"主子"，死后也有神牌。"贵人""常在""答应"这三个等级的位号，都只是皇帝口头或者谕旨加封的，属于诏封，并没有册封礼仪以及象征身份的册书，既不为其举行位号礼仪，也不颁发册文，死后也没有神牌。至于上述档案记载的这些女人，是否是已经侍寝过康熙帝而已经成为正式侍妾，目前不能肯定，但也不能否定。

对于康熙朝宫中那些被称为"常在""答应""学生"和"女子"的人身份和地位是否如上述分析，还需要进一步考证。

但有一点可以肯定，那就是由于在康熙帝的妃园寝内第一次出现了贵人、常在、答应这样低级别位号的女人，因此这在事实上也就相当于官方确认了康熙朝后妃制度的基本雏形，即分为皇后、皇贵妃、贵妃、妃、嫔、贵人、常在、答应的等级格局。

第七章

揭秘景陵妃园寝

景陵妃园寝是清朝入关后营建的第一座妃园寝，它的出现是后世妃园寝营建的规范。葬在景陵妃园寝的这些女人，她们有的人因生育儿子而享受过康熙帝生前特别的"照顾"。于是，妃园寝墓主人的生前介绍，为我们详细了解她们，提供了最好的途径。两份来自东陵守陵人的史料，珍贵无比，但却无法解开在妃园寝中隐藏的四个神秘问题。

一、标准是演变后形成的

中华民族素有夫妻合葬的传统，但是作为皇帝，这个很简单的事情就会显得不那么简单了，因为皇帝总不能像平常百姓那样把自己的大大小小的老婆都带入自己的陵寝地宫。于是按照清制，能葬入皇帝陵地宫，长眠皇帝棺椁旁边的女人只有皇后和个别皇贵妃，贵妃及以下级别的女人，虽然活着的时候有机会与皇帝在一起吃饭、睡觉，死后却根本无资格与皇帝合葬在一起，只能另建新的陵园葬于其中，因此，在皇陵中就出现了一个新的建筑群体——妃园寝。

在封建社会，人与人之间存在着严格的等级差别，不仅人活着分等级，就是死后埋葬的墓地也有很大的区别。在建筑规制上较帝、后陵明显低下，而且墓地的称呼也不同。皇帝和皇后的墓地称为"陵"，而妃嫔的墓地只能称"园寝"，不能称"陵"。建筑规格和颜色也有严格的规定，妃园寝只能用绿色琉璃瓦、布瓦，不能用黄琉璃瓦。因此，绿琉璃瓦是妃园寝的明显标志之一。

还有，妃园寝与皇后陵一样，也是建在皇帝陵旁边，属于皇帝陵的附属陵寝，它们之间的一些主要建筑名称却有所区别。帝、后陵的大门称隆恩门，隆恩门外东、西建筑称朝房，大殿称隆恩殿，琉璃花门称陵寝门；妃园寝的则称大门、厢房、享殿、园寝门，并且妃园寝一般不建配殿、石五供和方城、明楼。

景陵妃园寝位于景陵东侧一里处，始建于康熙十五年（1676）左右，完工于康熙二十年（1681），初称"妃衙门"，有仪树两千株。因慧妃首先葬入，故曾称"慧妃陵"，雍正五年（1727）改称景陵妃园寝。

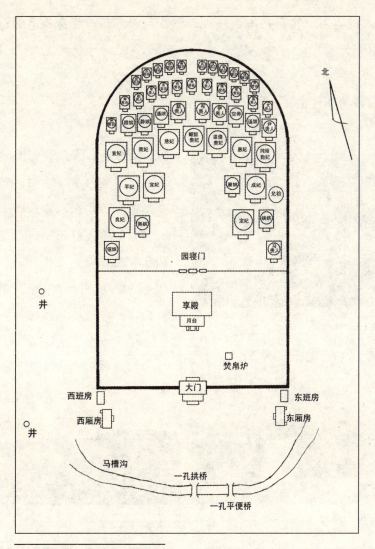

景陵妃园寝平面示意图（绘图：徐鑫）

关于景陵妃园寝初始，《昌瑞山万年统志》上有如下的一段记载：

　　妃园寝在景陵东里许，康熙二十年建，称妃衙门。雍正五年尊为妃园寝。

　　谨按妃园寝内奉安贵妃、妃、嫔、贵人、答应、常在，共四十八位，均各圈。前为园寝门三，前为飨殿五间。燎炉一，前

为大门三间。缭以周垣，左右两厢各五间，东西班房各三间，前
为石桥一。

《陵寝易知》也有一段记载：

景陵妃园寝一孔拱桥

妃园寝在景陵迤东里许。
谨按妃园寝内奉安贵妃、妃、
嫔、贵人、常在、答应四十八
位，均各券。前为园寝门三，
前为享殿五间，左燎炉一，前
为大门三间。缭以朱垣，两厢
各五间，东西班房各三间，前

景陵妃园寝大门

景陵妃园寝享殿遗址

景陵妃园寝园寝门

景陵妃园寝宝顶鸟瞰

为石桥一。

据实地调查，景陵妃园寝坐北朝南，建筑布局由南往北依次为：一孔拱桥一座，东有一孔平便桥一座、东西厢房各五间、东西班房各三间、大门一座三间、焚帛炉一座、享殿一座五间、园寝门三座，其中中间一座门为琉璃花门，东、西两侧为便门，园寝门前为月台和踏跺，后院内是宝顶群。

这些宝顶各自为券（有一个空券），每个宝顶都建在砖石结构的月台之上，月台前建踏跺，宝顶下为地宫。宝顶为四十九个，南北分七层排列，其中葬有贵妃一位，妃十一位，嫔八位，贵人十位，常在九位，答应九位，并葬有皇子一位，皇子没有建宝顶、月台等建筑。

根据清宫档案记载，景陵妃园寝建成后，乾隆朝和道光朝曾扩建和改建。情况是这样的：乾隆元年（1736）四月二十三日，和硕和亲王弘昼面奏乾隆帝，称景陵妃园寝地势狭窄，要求宽展。奉旨："陵寝事务关系甚大，尔等著洪文澜相视，将如何修理之处，内务府总管评议具奏。"内务府总管来保带着洪文澜到妃园寝相看，见妃园寝两旁及后面"俱无地局，前面又有河桥环抱。"向四周扩展面积是不可能的。于是来保建议，将琉璃花门前移接依享殿两山墙，照昭西陵式样成砌，两旁垣墙开门二座，园寝内可得地面六丈，则可解决地面狭窄难题。又因享殿太小，妃衙门现今只供牌位六座，每逢大祭之日，桌张仅堪容放。趁妃衙门修理之际，将妃衙门接添抱厦五间。再茶饭房现今亦属窄狭，接添二间，各作五间。后来的史实表明，内务府的这道奏案并没全落实，乾隆年间并没改动琉璃花门，只是在享殿前建了三间抱厦，将茶饭房接添了两间。另一件事是：景陵妃园寝工程于乾隆六年修建时，曾取用九凤朝阳山存贮的石料和砖块，并建成石券六座、砖券十座、砖池四座。第三件事是：道光年间修整景陵妃园寝工程时，工部右侍郎"阿尔邦阿详查妃园寝享殿一座五间，业经承修大臣按照奴才奏改规制，将前接抱厦三间拆去，挑换正座前廊柱木枋桁，揭瓦头停，照旧油饰见新，并将抱厦台基改作月台，两边各接宽一丈五尺五寸"。

经过乾隆朝和道光朝的三次改建、扩建，景陵妃园寝才形成现在的规模。

对于景陵妃园寝的初建规制，很可能就是现在的清西陵泰陵妃园寝那样，即东西厢房三间，东西班房三间，大门三间，享殿五间，园寝门三座，其中中门是琉璃门楼，后院是宝顶群，各宝顶都有月台和踏跺。其理由是，泰陵妃园寝始建于雍正年，完工是乾隆二年（1737）九月以后。清朝陵寝的营建，都是以前朝规制为蓝本，当初在清西陵营建泰陵时是参照孝陵和景陵，泰陵妃园寝营建也应是参照景陵妃园寝。

泰陵妃园寝厢房是参照景陵妃园寝厢房扩建前建的，因为雍正帝妃嫔相对康熙帝少了一半还多，所以办理祭品人员等相对较少，三间厢房也就够用了，所以无需扩建。这也就是泰陵妃园寝是仿照景陵妃园寝营建，但其厢房只有三间的缘故。当然，这只是分析和推断，具体情况，还需要档案文字的支持。

又经过实地调查发现，与其他妃园寝比较，景陵妃园寝具有如下三个建筑特点：

（一）在景陵妃园寝的西面不远处，建有两口水井。其他妃园寝附近，至今未发现有水井，更不要说是两口水井，景陵妃园寝的这两口水井是其他妃园寝没有的。

景陵妃园寝西南侧的古井（怀疑此井为景陵神厨库井亭）　景陵妃园寝西墙外的古井

　　（二）景陵妃园寝大门月台前建的是石踏跺，而并非是石礓磜。并且大门台基与月台之间因为落差不大，因此没有踏跺。在清朝妃园寝中，只有景陵妃园寝和景陵皇贵妃园寝是这样的。因为其他妃园寝大门月台前则是建石礓磜，大门台基与月台之间建有踏跺。

　　（三）景陵妃园寝享殿月台前建有三路踏跺，月台东、西两侧没有踏跺。这在清朝妃园寝中也是唯一的特例。因为其他妃园寝享殿月台前建有一路踏跺，月台的东、西两侧则各建有一路踏跺。

景陵妃园寝部分宝顶

　　景陵妃园寝是清朝入关后营建的第一座妃园寝，之前营建的悼妃园寝属于临时停灵殡宫性质，而且也由于未建在清东陵风水墙内，随着内葬主人的迁移而被废弃，成为历史尘埃而逐渐淡出人们的视线，因此，景陵妃园寝是现存的清朝入关后营建的第一座妃园寝，它的建筑格局是后来清朝妃园寝营建时效仿的蓝本。

二、颇受欢迎的一道"遗谕"

既然有生的开始，那么就有死的结束。康熙帝虽然贵为天子，但是他毕竟也是有血有肉的人，大自然生老病死的自然规律对他没有丝毫的例外。康熙帝作为一代英主，心里更明白这个规则。于是，他决定在生前考虑一些具体的实际问题——如果自己死了，那些尚且活着的妃嫔怎么样生活会更好。

康熙帝为什么会想到这个问题呢？

原来，每当老皇帝死后，他的妃嫔虽然身份为新皇帝的母辈，受到新皇帝尊敬，实际上的处境却很凄凉。因为按照清制，新帝登基后，前朝妃嫔将被迁居到慈宁宫、宁寿宫等处奉养。皇帝在五十岁之前与前朝妃嫔是不能随意相见的，即使是皇子晋见生母，也需要通过内务府总管联系，而不能直接接触，更不要说母子能在一起生活，享受颐养天年的人间天伦之

慈宁宫外景

乐。慈宁宫、宁寿宫相当于民间常说的寡妇院，生活在这里面，除了吃喝不愁之外，丝毫没有自己的人身自由，更谈不上与亲人和儿子的亲情。为了解决他的这些妃嫔与皇子之间的母子关系问题，康熙帝在晚年专门写了一道谕旨，一式两份，分存两处，以备不虞。

雍正元年（1723）七月初三日，领侍卫内大臣马尔赛等为遵旨办理各亲王之母回家居住事上奏：

（本）四月十四日，恒亲王、廉亲王、淳亲王、履郡王等面奉谕旨："尔等母亲们都已年迈，先前皇父也在两处写有朱笔谕旨。见今你们将妃母各自迎接回家，也可得以问安侍奉，尽尔孝心。尔等将房屋修缮后，于五月末、六月初选择吉日，具奏后迎回。

这道奏折的大意是说，恒亲王、廉亲王、淳亲王、履郡王等遵照雍正帝谕旨，要求将自己的已经年迈的生母接回自己的府邸供养，以尽孝心。但雍正帝要求他们先将各府房屋维修后，于五月底六月初这段时间选择吉日，再奉旨迎接生母出宫到王府居住，母子团聚，一起生活。

据《钦定宫中现行则例》记载："内廷等位有父母年老者，或一年或数月，奉特旨会亲者，只许本身父母入宫，其余外戚一概不许入宫，家下妇女亦不许随入。"逢年过节，后妃可以派本宫首领太监去母家问候，但必须要"奉本主命往外家年节慰问者，不许传宣内外一切事情"。由于有这些严格的规定，进入皇宫的女子，就如同进入了牢笼一样，不仅受到宫中礼教的约束，还无法将自己的处境等信息传出皇宫，更无法获知自己家人的情况。正如《红楼梦》中的贾元春，初入宫做了女史，后被加封为贤德妃，蒙圣恩得以回家省亲，在与贾母等人会面时流泪自称"自己居住的皇宫是一个见不得人的地方"。贾元春为什么说自己到了一个"见不得人"的地方呢？细想起来，无非是她暗示自己身不由己，不仅在皇宫中处处要受到限制，也没有出皇宫的可能，再不能见到自己的亲人。即使这次回家省亲，言行都要受身边的女史监督限制。在元宵佳节这天晚上，贾元春派太监给贾府送来了灯谜，就算当做在逢年过节了，宫内的妃嫔只能派人对家人给予问候。这些内容都与《内务府宫中现行则例》上记载的是相符合的。因此也可以看得出来，康熙帝生前曾考虑他死后，让生育了儿子的年迈妃嫔，可以由儿子提出申请，出皇宫到外居住养老。从这件事的处理上看，这个遗谕是多么深得妃嫔的欢迎。

一面是在皇宫中的孤独寂寞，一面是自由自在的儿孙满堂的天伦之乐。面对这两种生活的选择，那些在与世隔绝的皇宫里长期生活的先帝遗孀们，自然首选后者。于是，康熙帝的这道很人性化的政策在雍正元年（1723）七月前就得到了落实和执行。因此，那些在雍正朝就已年老的康熙帝的妃嫔，很幸运地赶上了好时代，她们在雍正帝的合理安排下，在自己的儿子精心孝养下颐养天年，含笑而终。其中，恒亲王允祺、允禑之母宜妃郭络罗氏养于允祺的府邸；淳亲王允祐之母成妃戴佳氏养于允祐府邸；履郡王允祹之母定妃万琉哈氏养于允祹府邸。据有研究者认为，在雍正朝这股迎归年老妃嫔于子府邸养老的浪潮中，允祉的生母荣妃马佳氏也应该在迎归养老的人名单中。

虽然她们很荣幸地能居住在儿子家里，但这并不意味着就此就不会回到皇宫，因为也许会有一些特殊原因，她们还会被接回皇宫居住。例如康熙帝的惠妃被接出皇宫后，最后又被迎回皇宫供养。为什么会这样呢？原来，雍正帝将迎接惠妃回家的允禩囚禁了，康熙帝的惠妃就不再适合继续居住在允禩家，只能迎回皇宫居住。

雍正四年（1726）正月初五日，雍正帝对诸王大臣有这样的一番话：

朕即位后，恭检皇考所遗朱批谕旨，内有料理宫闱家务事宜一纸，皇考谕令有子之妃嫔，年老者各随其子，归养府邸，年少者暂留宫中。朕谨遵圣谕，遣人询问诸位母妃，据称此系天恩，咸愿随子归邸。

惠妃母妃，乃大阿哥之生母、允祹之慈母也。允祹少时，即
为惠妃母妃所抚养。朕因大阿哥获罪禁锢，其诸子又少不知事，
意欲奉养于允祹之邸，因遣人询问惠妃母妃，惠妃母妃欣然允从。
朕揣允祹畏朕访察，必于母妃前尽礼，故令伊迎养府邸。彼时允
祹酌议诸位母妃移府之礼，允祹议奏内有"朕思念诸位母妃之时，
即令入宫相见"等语。朕以诸位母妃岂有"召入相见"之礼，深
责允祹之非。迄今三年以来，诸位母妃，未曾遣人至朕前一问起
居。诸位母妃，深居府中，一切皆诸王主持。此必允祹从中阻挠，
诸王亦遂观望不前耳。允祹之行事，狂悖若此，必不能于母妃之
前曲尽孝道。况允祹既经革去黄带子，则已非宗姓之人，母妃亦
不应在伊家居住。著庄亲王、诚亲王迎归宫中供养。

这段话的大致意思是说，雍正帝在做了皇帝之后，检查康熙帝的谕旨
的时候，发现了康熙帝为自己女人做的一个决定，在决定中规定：如果生
育了儿子，并且岁数很大了，那么就可以出皇宫随自己的儿子在一起生
活，以享母子的天伦之乐。那些年纪不算老的，但也生育儿子的，暂时留
在皇宫中生活。康熙帝的皇长子允禔，其生母是惠妃，惠妃曾抚养过年幼
时的皇八子允禩。皇长子因有罪被囚禁，而皇长子的儿子又尚小不懂事，
皇长子有意将生母奉养在允禩府邸，他经过询问惠妃，惠妃满心同意。而
他认为允禩会以为这是皇帝有意的考察，所以会尽心供养惠妃，因此令允
禩将惠妃迎归府邸供养。那时允祹正在负责迎归妃嫔出宫所需礼仪，其中
有一条是说，如果皇帝想念这些出宫的先帝妃嫔，就令她们进宫相见皇
帝。他对这种说法，很是生气，斥责允祹失礼冒犯出宫的妃嫔。康熙帝的
这些年老的妃嫔出宫三年多了，没有一个人派人到雍正帝那里问候。对此
他认为，这些年老的母妃妃嫔居住在儿子府邸，是不问世事的，所有的一
切事情都是他们的儿子做主行事。而这一切又都是允禩从中阻挠不给皇帝
问候，其他的皇子又都看允禩行事而不主动代生母问候皇帝。允禩为人办

事，历来狂妄没有礼法，肯定不会在惠妃面前行孝。何况允禵已经被除名宗室，不是皇室之人，惠妃也就不适合在允禵家中继续居住。因此他令庄亲王允禄、诚亲王允祉将惠妃重新迎归皇宫供养。

在雍正帝的这番话中，主要提及了两件事，一是康熙帝生前有遗旨，让年老且生育儿子的妃嫔可以搬出皇宫到儿子家居住；二是本来允禵就是没有礼教的人，在惠妃前不会行孝，况且他已经在皇室中被除名，所以只能将惠妃接回皇宫。

康熙皇八子允禩半身像

雍正帝提及的康熙帝的那道谕旨，虽然最能收获人心，但并没有被后世皇帝完全认可，于是当时间离开雍正朝远去而进入乾隆朝后，那些"暂留宫中"的康熙帝妃嫔，则被乾隆帝颁布的新政策永远留在了皇宫内。

乾隆帝即位不久的雍正十三年（1735）十二月初四日，康熙帝十六子庄亲王允禄、十七子果亲王允礼，奏请按照前例，各自要求迎接自己的母妃到府第。对此请求，乾隆帝没有同意，但也没有完全拒绝，他谕大学士鄂尔泰、张廷玉对此事进行处理：

九月间，庄亲王、果亲王曾奏请各迎养母妃于府第。朕以为两位太妃向在宁寿宫居住，朕正当仰承皇考先志，祗敬奉养，在二王之意，必以宁寿宫为太后应居之宫，故有是请，朕闻奏心甚不安，及奏闻太后，亦以为必不可行，是以未允。今再四思维，人子事亲，晨昏定省，诚欲各遂其愿，若不允其迎养之请，则无以展二王之孝思。若允二王之请，迎养太妃于府第，则朕缺于奉养，此心实为歉然。自今以后，每年之中，岁时伏腊，令节寿辰，二王及各王、贝勒可各迎太妃、太嫔于府第。计一年之内，晨夕承欢者，可得数月，其余仍在宫中。如此，则王等孝养之心与朕敬奉之意，庶可两全。向后，和亲王（乾隆帝同父异母弟弟弘昼）分府时，亦照此礼行。

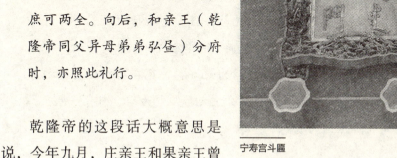

宁寿宫斗匾

乾隆帝的这段话大概意思是说，今年九月，庄亲王和果亲王曾要求请他们的生母迎归府邸供养。他认为，这两位太妃居住在宁寿宫，正是他秉承父志尽心奉养的时候。他寻思这两位亲王可能认为宁寿宫是皇太后居住的地方，所以来请求。他听说后心里很是不安，特意请示皇太后如何处理，皇太后认为没有必要让她们搬迁，所以他也就没有答应两王的请求。事后他思考再三后认为，母子相聚，共享天伦，人之常情。若不答应两王请求，则无法令两王尽心行孝。若答应两王，他却又无法尽供养之义务，很是为难。从今以后，每年的"岁时伏腊，令节寿辰"，两王以及其他各王、贝勒，可将生母接到自己府邸，一年之中，母子可以彼此相聚数月，其余时间还是要在皇宫中生活。这样就可以让做儿子的对生母尽奉养之恩，他也可以尽敬重之情，两全其美。今后，和亲王自己独立生活时，也按照这样的办法执行。

至此，那些虽然生育但还年轻或者没有儿子的年老妃嫔，则永远生活在皇宫中直到死。而那些已经早早被接出皇宫的康熙帝的年老妃嫔，才是康熙帝遗旨的最大受益者。

其实，最可怜的还是那些有了位号却没有生育皇子的妃嫔，她们的命运往往还不如宫女幸运，因为宫女到了三十岁（雍正朝改为二十五岁）还可以出宫婚嫁，而她们则因为是康熙帝的妃嫔，是不能出皇宫的，只能是生前在宫中孤独冷寂度过余生，而死后甚至连个名字都没能留下。

康熙六十一年（1722）十二月初六日，《世宗宪皇帝实录》上有这样的一段记载：

> 朕奉皇太后懿旨：尔兄弟之母，当加意相待。朕念十二阿哥之母，多年侍奉皇考，甚为谨慎，久列嫔位，今晋封为妃；十五阿哥、十六阿哥之母嫔，亦晋封为妃。再，现在有曾生兄弟之母未经受封者，俱应封为贵人。六公主之母应封为嫔。内有一常在，年已七旬，亦应封为贵人。

这是雍正帝即位后晋封母妃的一个记载，在这个记载中值得注意的有这两句话：

（一）"现在有曾生兄弟之母未经受封者，俱应封为贵人"。

在这句话中可以知道，在康熙朝，有一些即使生育了儿子的低级妃嫔，当时连个"贵人"位号都没有。由此可见，这些身份很低的妃嫔，她们虽然生了皇子却没有得到康熙帝的晋封。

（二）"内有一常在，年已七旬，亦应封为贵人"。

在这句话中，虽然没有说这个老女人的名字，但仅从其岁数看，她的年龄比康熙帝还要大些，或许因为没有生育的缘故，或因不受宠爱，虽然年已七十岁还只是一个常在。虽然在康熙帝死后得到了一个"贵人"位号，但她的"贵人"位号是特殊照顾恩赐的，因为她的位号级别较低，她死后如果不能葬在妃园寝的话，那就有可能死后葬在什么地方都不知道。

据《国朝宫史》记载，雍正六年（1728）四月二十一日，雍正帝谕令内务府官员：

　　今日总管等所奏易贵人之事，似此贵人入陵尚可，陵内关系风水之地，嗣后尔等宜加以斟酌，如曾奉御皇考之贵人则可。若随常加封者，则不可。或在外围周方左右，或在苏妈里姑（即人们常说的苏麻喇姑）之左右，尔等谨记。或遇事出，同内务府总管密议具奏。

　　雍正帝的这道谕旨告诉我们，出于陵寝风水考虑，不是所有有位号的妃嫔都可以死后葬入皇陵的，凡是"贵人"及"贵人"以下的女人，她们的位号有些是随常加封的，因此她们死后的归宿就要详加考虑，如是侍寝过康熙帝的贵人是可以的，如康熙帝的易贵人是可以的，其他人如果没有侍寝过康熙帝的则要埋在陵寝风水墙外。

　　按照雍正帝的这道谕旨含义来说，康熙帝的妃嫔，除了有些埋葬在陵寝内，还有一些没有埋葬在妃园寝寝内。

　　还有，在雍正帝的这道谕旨里，虽然雍正提到康熙帝的易贵人"入陵尚可"，但实际上，康熙帝的妃园寝内并没葬有"易贵人"这个人，只有一个被称为"伊贵人"的人，是雍正七年（1729）八月二十五日葬入康熙帝妃园寝内的。也就是说，如果葬在妃园寝内的"伊贵人"与雍正帝说的"易贵人"不是同一个人的话，那么雍正帝的这道谕旨还可以解读出这两个意思：

　　（一）能葬入皇陵的妃嫔，必须是侍寝过皇帝的有位号的人。

　　（二）有些即使有位号，而且还侍寝过皇帝，也是有可能没有被葬入皇陵的。

三、享殿里的秘密

　　俗话说"人分出三六九等，木有花梨紫檀"。自古以来，人，生有贵贱，死有尊卑。那些身份高贵的人，不仅生前住豪宅、吃大餐，享尽人间的富贵，就是死后也会有牌位供祭祀，享受人间的敬仰。因此，这对于身份高贵的人来说，无论男女，都会得到相应的待遇。那些生活在皇宫中的后妃们，在她们死后也得到了与其身份相符合的皇家待遇，这可以体现在两个方面：

（一）埋葬地点不同。皇后可祔葬皇帝陵，或单独建陵，皇贵妃可以从葬皇帝陵；而其他的包括贵妃以下级别的妃嫔，都可葬在妃园寝内。这足以说明身份、地位之间有很大的差别。

（二）祭祀级别不同。皇后不但有一年的四时大祭，其素服日（忌辰）自乾隆初年始也是大祭，其神牌不仅要升祔太庙，而且还要供奉在陵寝隆恩殿的中暖阁，与皇帝神牌供奉在一起；如果皇贵妃从葬皇帝陵，其神牌却只能供在隆恩殿的西暖阁。如果皇贵妃葬在妃园寝，其神牌供在享殿中暖阁，那些葬在妃园寝的妃嫔们，贵人及贵人以上级在祭祀有四时大祭，常在和答应只有清明和岁暮两大祭，忌辰只是小祭。

关于妃园寝的祭日执事，在《陵寝易知》上均有记载，其中小祭执事，在前文已经叙述，这里就不再重复，此处只是将《陵寝易知》中记载妃园寝大祭执事和忌辰执事的史料抄录如下：

大祭日执事：

内务府官员监视摆设膳桌，太监恭请神位，捧递香盒。供献茶酒各项祭品，茶膳房人抬请茶桌。茶桶、茶碗等项系茶房人抬请；点熄灯火，供献祭品系内务府领催差役人、八旗披甲人、礼部打果人等抬请各宝顶前月台上供献，差役人等请茶桶、茶碗进至月台前奠茶一碗；礼部打果人抬请执壶、盅、碟，内务府官员一员各奠酒三盅。

宫门外支搭凉棚。工部匠役安设桌张摆设酒樽，礼部打果人抬肉槽安于凉棚之下。

收发祭品系礼部官员收发查管。

景陵妃园寝享殿三座神龛石座

　　办造祭品系内务府差役人办造；膳桌系膳房人及差役人办造；
奶茶系茶房人办造；羊只系膳房人监视差役人省煮。每年清明祭
前一日各供佛托一座，岁暮祭日焚化，亦系石门工部造送焚化。

　　忌辰日执事：

　　贝子、公、内务府大臣轮流主祭。内务府官供献祭品，太监
捧递香盒，礼部司官监礼，赞礼郎前引赞礼郎叫官、八旗章京、
骁骑校、赞礼郎等抬请果桌，太监差役人等执事与大祭同。

　　每逢朔、望点灯，内务府官拈香。

　　大臣、官员班次前后，与各大陵同。

　　启闭门户、供献祭品、收发祭器与各大陵同。

　　在皇帝的妃嫔中，只有妃及妃以上位号的人有神牌，供奉在享殿暖阁
内。景陵妃园寝享殿建有三间暖阁，目前享殿遗址上还有暖阁内的神龛石
座三个。在《陵寝易知·神牌位次》上不仅记载有景陵妃园寝享殿神牌的

供奉位次，还有死亡时间及奉安地宫时间：

中暖阁内供奉：

温僖贵妃，康熙三十三年十一月初三日薨。三十四年九月内奉安。

慧妃，康熙九年四月十二日薨。十年二月初九日奉安。

惠妃，雍正十年四月初七日薨。雍正十年九月内奉安。大王母。

宜妃，雍正十一年八月二十五日薨。乾隆二年九月内奉安。五王、九王母。

东暖阁内供奉：

成妃，乾隆五年十月三十日薨。六年三月二十四日奉安。七王母。

顺懿密妃，乾隆九年四月十八日薨。十年十月内奉安。十五王、十六王母。

纯裕勤妃，乾隆十八年十二月二十日薨。十九年四月内奉安。十七王母。

定妃，乾隆二十二年四月初七日卯时薨。是年十月内奉安。十二王母。

西暖阁内供奉：

荣妃，康熙五十五年闰三月初六日薨。雍正五年十二月内奉安。三王母。

平妃，康熙三十五年六月二十日薨。是年十月内奉安。

良妃，康熙五十年十一月二十日薨。五十二年二月内奉安。八王母。

宣妃，乾隆元年八月初八日薨。于二年九月内奉安。

通过对享殿供奉神牌位次的分析，我们可以知道，同样是妃级别，她们身份排名次序也不一致。例如能供奉在中暖阁的神牌，其主人身份排名自然要在东暖阁之前，东暖阁内神牌主人，其身份排名要高于西暖阁，即使在同一暖阁内，其神牌排列顺序，也是能体现出其主人尊卑关系。如惠妃、成妃、平妃三人，看其位号均为"妃"，但是就其神牌所在暖阁位置来看，惠妃地位高于成妃和平妃，成妃地位又高于平妃。又如西暖阁的荣妃、平妃、良妃和宣妃，她们四人位号均为"妃"，但是她们身份尊卑排列也是有前后的，其中康熙五十五年（1716）闰三月初六日薨、雍正五年（1727）十二月内奉安的荣妃，排名最靠前，因此她的神牌位次在康熙三十五年（1696）十月奉安的平妃和康熙五十二年（1713）二月奉安的良妃之前。这正如开会坐在主席台上的人，谁坐在哪个位置上，都是有一定规则的，这与其地位和身份有关，绝不是按照姓氏笔画顺序来确定的。又同样是一个单位的副职领导，也会分为第一副职、第二副职等。

嫔、贵人、常在和答应虽无神牌，在《陵寝易知·神牌位次》记载中，被统一记载为"后殿×位"或"在后殿"。

据实地考察，景陵妃园寝享殿面阔五间，享殿前建有月台，殿内北面建有暖阁三间，暖阁内供有神牌，享殿内及享殿后面均没有"后殿"。但在《陵寝易知》上却记载有这些"后殿"主位的祭日执事情况：

各园寝后殿福晋、格格、贵人、答应、常在供献物品桌张执事：

安设香饼、斟注供酒仍系太监看管，礼部司官一员监礼，赞礼郎、大念、小念前引；叫茶、叫官捧帛、数帛；披甲人抬请肉槽安于凉棚之下，并抬请饽饽、西瓜、香瓜桌抬请膳桌进殿；内务府官员监视尚膳及膳房人供献；屠户抬请牲匣牲羊，礼部官员监视供设，内务府司员带领领催役人启闭门户，搭拆凉棚、安撤桌张，卷放雨搭，打扫月台，进、撤酒樽酒器。

　　既然妃园寝没有建"后殿"，为什么《陵寝易知》上还会这么写呢？

　　对于这个问题，经过考察和研究，得到这样一个答案：所谓"后殿"，实际上就是指的后院。

　　由于妃园寝的祭祀主要场所是享殿，因此，享殿及园寝的清扫是不能忽视的。在《陵寝易知》中有这样的记载：

> 　　皇贵妃园寝、妃园寝所有一切撣扫阶庭。
>
> 　　凡殿内系太监撣扫，殿外月台以上及花门内地面，系内务府差役人等打扫，月台以下宫门内外地面并红墙周围等处，均系礼部校尉、割草人打扫（原设割草人处割草人打扫，未设割草人之处校尉打扫）。花门内树行及仪树行内草薪系树户刈割，地面系树户打扫。仪树、山树行外草薪地面，系树户刈割打扫。仪树、山树行外，系礼部割草人打扫。

　　按照这段记载，妃园寝卫生，根据不同部位，打扫卫生的责任人也不相同，其中享殿内的卫生是由太监打扫的。然而，当时清东陵内并无太监，所以其本应由太监负责的卫生区域，具体是由哪个部门负责的，目前尚不知晓。

四、死者的人生档案

　　景陵妃园寝是清朝所有妃园寝中内葬人数最多的妃园寝，从葬入第一个妃子开始，到最后一个妃子结束，共经历了康、雍、乾三朝的八十八年之久，共葬有四十九人。按照由南往北的排列，她们的宝顶分为七层即七排，其中：

　　第一层共2位，左为马贵人，右为僖嫔；第二层4位，左起端嫔、定妃、熙嫔、良妃；第三层5位，为十八阿哥、成妃、襄嫔、宜妃、平妃；第四层7位，为纯裕勤妃、惠妃、温僖贵妃、顺懿密妃、慧妃、荣妃、宣

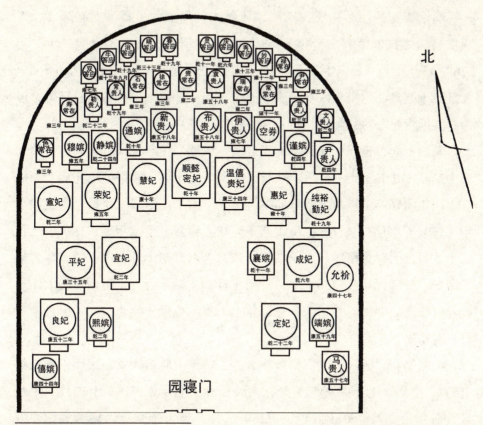

景陵妃园寝康雍乾葬位示意图（绘图：徐鑫）

妃；第五层10券，葬9位，尹贵人、谨嫔、空券、伊贵人、布贵人、新贵人、通嫔、静嫔、穆嫔、色常在；第六层11位，文贵人、蓝贵人、常常在、瑞常在、袁贵人、贵常在、徐常在、石常在、常贵人、勒贵人、寿常在；第七层11位，为尹常在、禄常在、妙答应、秀答应、庆答应、灵答应、春答应、晓答应、治答应、牛答应、双答应。

由于陵墓的最基本的功能就是让死者遗体能入土为安，其次才是为死者祭祀，而祭祀又是分等级的，等级的高低与她们生前的身份有着直接的关系，为了了解她们的祭祀情况，我们有必要了解一下景陵妃园寝的这些墓主人的身份信息。现在，根据档案和史料记载，将这些人的人生档案介绍一下：

温僖贵妃，钮祜禄氏，满洲镶黄旗人，为太师果毅公遏必隆女，孝昭仁皇后之妹。康熙二十年（1681）十二月册封为贵妃。康熙二十二年（1683）十月十一日亥时，生皇十子敦郡王允䄉。康熙二十四年（1685）九月二十七日，生皇十一女。康熙三十三年（1694）十一月初三日薨，谥为"温僖贵妃"。康熙三十四年（1695）九月初八日未时奉安。

顺懿密妃，王氏，知县王国正之女。康熙二十年（1681）入宫，康熙三十二年（1693）十一月二十八日子时，生皇十五子愉恪郡王允禑。康熙三十四年（1695）六月十八日卯时，生皇十六子庄恪亲王允禄。康熙四十年（1701）八月初八日，生皇十八子允祄。康熙五十七年（1718）十二月二十八日，册封为密嫔。雍正二年（1724）六月初十日，雍正帝晋尊为皇考密妃。乾隆元年（1736）十一月初三日，乾隆帝晋为皇祖顺懿密太妃。乾隆九年（1744）四月十八日薨，年七十岁。乾隆十年（1745）十月十六日辰时奉安。

纯裕勤妃，陈氏，满洲镶黄旗人，二等侍卫陈希闵女。康熙三十六年（1697）生皇十七子果毅亲王允礼。康熙五十七年（1718）十二月二十八日，册封为勤嫔。雍正四年（1726）二月，雍正帝晋尊为皇考勤妃。雍正十二年（1734）由满洲镶黄旗包衣抬入满洲镶黄旗。乾隆元年（1736）十一月初三日，乾隆帝晋尊为皇祖纯裕勤妃。乾隆十八年（1753）十二月二十日薨。乾隆十九年（1754）四月二十日午时奉安。

慧妃，博尔济吉特氏，科尔沁三等台吉阿郁锡女，待年宫中，尚未册封就死于康熙九年（1670）四月十二日，五月初九日追赠慧妃。康熙十年（1671）二月初九日未时奉安暂安处。康熙二十年（1681）移葬景陵妃园寝，她是最早葬入园寝中的人。

平妃，赫舍里氏，满洲正黄旗人，领侍卫内大臣、承恩公噶布拉之女，孝诚仁皇后之妹。康熙三十年（1691）正月二十六日辰时，生皇子允禨，三月初一日辰刻死，故不序齿。康熙三十五年（1696）六月二十日薨，当月追封为平妃，是年十月内奉安。

良妃，卫氏，满洲正黄旗包衣人，内管领阿布鼐女，本为辛者库，因罪籍没入宫。康熙二十年（1681）二月初十日未时，生皇八子允禩。康熙三十九年（1700）十二月册封为良嫔，后来晋为良妃。康熙五十年（1711）十一月二十日薨。她死后，她的儿子多罗贝勒允禩获准"素服三年"，在家里"供奉母妃容像"，又"予定例外，加行祭礼，每祭珍珠金银器皿等物"，"大设筵席，自初丧以至百日，日用羊豕二三十口，备极肴品"。康熙五十二年（1713）二月十七日巳时奉安。

荣妃，马佳氏，员外郎盖山之女，待年宫中。康熙六年（1667）九月二十日，生皇子承瑞，早殇。康熙十年（1671）十二月二十五日，生皇子赛音察浑，早殇。康熙十二年（1673）五月初六日，生皇三女固伦荣宪公主。康熙十三年（1674）四月初六日，生皇子长华，早殇。康熙十四年（1675）六月二十一日，生皇子长生，早殇。康熙十六年（1677）二月二十日午时，生皇三子多罗诚隐郡王允祉，八月二十二日晋封为荣嫔。康熙二十年（1681）十月二十五日，晋封为荣妃。雍正五年（1727）闰三月初六日薨，当年十二年初四日未时奉安。她是清朝生育皇子最多的妃子。

宜妃，郭络罗氏，又称郭啰罗氏，满洲镶黄旗人，佐领三官保之女，初为贵人。康熙十六年（1677）八月二十二日，晋封为宜嫔。康熙十八年（1679）十二月初四日申时，生皇五子恒温亲王允祺。康熙二十年（1681）十月二十五日，晋宜妃。康熙二十二年（1683）八月二十七日子时，生皇九子允禟。康熙二十四年（1685）五月初七日，生皇十一子允禌。康熙帝死时，宜妃正生病，以四人抬软榻，亲至丧所看视。雍正十一年（1733）八月二十五日薨。乾隆二年（1737）九月二十五日午时奉安。

宣妃，博尔济锦氏，科尔沁达尔汉亲王和塔之女，顺治帝悼妃侄女。康熙五十七年（1718）十二月二十八日，册封为宣妃。乾隆元年（1736）八月初八日薨。乾隆二年（1737）九月二十一日午时奉安。

成妃，戴佳氏，亦作达甲氏，满洲镶黄旗人，司库卓奇之女。初为嫔，康熙十九年（1680）七月二十五日子时，生皇七子淳亲王允祐，此子生有残疾。康熙五十七年（1718）十二月二十八日，册封为成妃。乾隆五年（1740）十月三十日薨。乾隆六年（1741）三月二十四日巳时奉安。

定妃，万琉哈氏，亦作瓦琉哈氏，满洲正黄旗人，郎中拖尔弼之女。顺治十八年（1661）正月初三日生。康熙二十四年（1685）十二月二十四日寅时，生皇十二子履懿亲王允祹。康熙五十七年（1718）十二月二十八日，册封为定嫔。雍正二年（1724）六月初十日，雍正帝晋尊为皇考定妃，就养于履亲王府邸。在乾隆朝，每逢岁时节日，必迎入宫，乾隆帝为之赋诗献寿。乾隆二十二年（1757）四月初七日薨，年九十七岁。乾隆二十二年（1757）十月二十五日巳时奉安。她是清朝已知后妃中最高寿的。

惠妃，那拉氏，郎中索尔和之女，初为庶妃。康熙九年（1670）闰二月初一日，生皇子承庆。康熙十一年（1672）二月十四日午时，生皇长子允禔，初排行第五，因其前面四个兄长早亡，成年皇子中他年纪最大，故称皇长子。康熙十六年（1677）八月二十二日，晋封为惠嫔。康熙二十年（1681）十月二十五日，晋封为惠妃。雍正十年（1732）四月初七日薨。雍正十年（1732）九月初七日未时奉安。

僖嫔，赫舍里氏，赉山之女。康熙十六年（1677）八月二十二日，晋封为僖嫔。康熙四十一年（1702）九月薨。康熙四十四年（1705）二月初九日未时奉安。

端嫔，董氏，员外郎董达齐之女，初为庶妃。康熙十年（1671）三月十九日，生皇二女，该女婴儿十二年二月殇，仅三岁。康熙十六年（1677）八月二十二日，晋封为端嫔。薨年不详。康熙五十九年（1720）九月初九日未时奉安。

穆嫔，陈氏，陈岐山之女。康熙五十五年（1716）五月十六日巳时，生皇二十四子諴亲王允祕。康熙六十一年（1722）十二月，被雍正帝晋尊为皇考贵人。薨于雍正年间。雍正五年（1727）十二月初四日未时奉安。乾隆元年（1736）五月，乾隆帝追尊为皇祖穆嫔。

　　熙嫔，陈氏，陈玉卿之女，初为庶妃。康熙五十年（1711）正月十一日戌时，生皇二十一子慎郡王允禧。康熙六十一年（1722）十二月，被雍正帝尊为皇考贵人。乾隆元年（1736）十二月封为皇祖熙嫔，乾隆二年（1737）正月初二日薨。乾隆二年（1737）四月十二日午时奉安。

　　谨嫔，色赫图氏，员外郎多尔济之女，初为庶妃。康熙五十年（1711）十二月初三日酉时，生皇二十二子允祜。康熙六十一年（1722）十二月，被雍正帝晋尊为皇考贵人。乾隆元年（1736）十二月，被乾隆帝晋尊为皇祖谨嫔。乾隆四年（1739）三月十六日薨。乾隆四年（1739）九月二十六日午时奉安。

　　通嫔，纳喇氏，监生常素代之女，初封贵人。康熙十四年（1675）十月初八日，生皇子万黼，早殇。康熙十八年（1679）二月三十日，生皇子允禶，早殇。康熙二十四年（1685）二月十六日，生皇十女固伦纯悫公主。雍正二年（1724）六月初十日，晋尊为皇考通嫔。乾隆九年（1744）六月二十三日薨。乾隆十年（1745）十月十六日辰时奉安。

　　襄嫔，高氏，高廷秀之女。康熙四十一年（1702）九月初五日，生皇十九子允禝。康熙四十二年（1703）二月十四日，生皇十九女。康熙四十五年（1706）七月二十五日，生皇二十子允祎。康熙六十一年（1722）十二月，雍正帝尊为皇考贵人。乾隆元年（1736）十二月，晋尊为皇祖襄嫔。乾隆十一年（1746）六月二十八日薨。乾隆十一年（1746）七月十六日辰时奉安。

　　静嫔，石氏，石怀玉之女。康熙五十二年（1713）十一月二十八日卯时，生皇二十三子允祁，康熙六十一年（1722）十二月，被雍正帝尊为皇考贵人。乾隆元年（1736）十二月，被乾隆帝晋尊为皇祖静嫔，乾隆二十三年（1758）六月初六日薨。乾隆二十四年（1759）三月二十二日辰时奉安。

　　布贵人，满文档案称卜贵人，兆佳氏，生父为塞克塞赫，职务为参将。康熙十三年（1674）五月初六日生皇五女，康熙帝的前五个皇女有三个幼殇，其弟恭亲王常宁的长女自幼养于宫中，因年龄较大，被称为大公主，于是皇五女则被称为"三公主"。十九岁时，皇五女被封为和硕端静公主，下嫁喀喇沁杜陵郡王之子噶尔臧，死于康熙四十九年（1710）。康熙五十六年（1717）正月十一日亥时薨，因生前患有痼疾，故尸体没有沐浴，丧礼按嫔礼办理，康熙帝"辍朝二日"，十二日未时入殓，十三日巳时移送，暂安朝阳门外大章京孙文善花园。康熙五十八年（1719）十二月十七日卯时入圈。

马贵人，亦作玛贵人，死亡时间不详，但死后的奉移礼，却是后来妃嫔女子奉移礼所遵循。"查得，马贵人奉移礼致奠，曾用纸锞一万、楮币一万、馔筵九、羊三、酒三瓶，其中纸锞一万减三千为七千，楮币一万减三千为七千，馔筵九减二为七，羊三、酒三瓶，照常，列仪仗，所属管领下男女咸集，礼部、工部大臣等，内务府总管视察，奉移时诸侍女送，派所属管领下官员、执事人并妻十五对，礼部、工部大臣各一员，内务府总管一员送，每旗派章京各三员，每翼各一员，副都统、兵丁八十人，仍令该章京、兵丁看守。令太监等为诸女驾车，派包衣章京三员、护军三十名，太监等乘骑之马匹，自上驷院领取"。康熙五十七年（1718）八月十八日午时入圈。

新贵人，满文档案称忻贵人，康熙五十五年（1716）八月初五日卒。康熙帝谕内务府总管大臣："新贵人用金黄色车一，金黄色轿一，彩仗比妃稍减。"金棺在五龙亭停放三日，面南摆设银制五供桌，每日供奉茶饭。当月初七日移送朝阳门外花园（殡宫），"以初七之礼祭奠时，祭文写汉文"。康熙五十五年（1716）十一月初三日，新贵人已满百日。奉移景妃陵的日期，交付钦天监、扎萨克喇嘛、达木巴格龙诹吉。经反复选择，定于康熙五十六年（1717）二月十七日壬寅辰时为吉。至于墓穴动土及安丧之事，钦天监等人说："慧妃陵（即景陵妃园寝）黑山朝向红，康熙五十六年丁酉，因年克山，不宜动土安丧。康熙五十七年戊戌，与山向不合，不宜动土安丧。"署理内务府总管郎中海章、董殿邦将新贵人墓券及安放位置交付男童太监魏柱奏览，奉旨："著建享殿于二门外东侧。其奉安处，已以朱笔勾圈，于徐常在之南侧。"新贵人暂行安奉之日，由钦天监扎萨克喇嘛、达木巴格龙诹吉，言于康熙五十六年（1717）二月二十四日己酉卯时，暂安为宜。其金棺送往妃园寝途中一应事宜，均参照马贵人之例办理。内务府为此上奏："查得，先前薨逝之马贵人，因摆设彩仗未制作，皇上指定用荣妃彩仗代之，后又降旨（为荣妃）补制。此次（新）贵人取用哪个妃子之彩仗，恭请皇上指派取用，后再补制。"康熙帝朱批："用惠妃彩仗。"康熙五十六年（1717）二月十七日，新贵人金棺发引妃园寝。康熙五十八年（1719）十二月初九日午时入圈。

伊贵人，郭络罗氏，又称郭啰罗氏，满洲镶黄旗人，宜妃之妹。康熙十八年（1679）五月二十七日寅时生皇六女固伦恪靖公主。康熙二十二年（1683）七月二十三日子时生皇子允禑。雍正七年（1729）八月二十五日卯时入圈。

蓝贵人，亦作兰贵人，乾隆二年（1737）五月二十六日薨。乾隆三年（1738）闰九月二十七日午时入圈。

袁贵人，袁氏，康熙二十八年（1689）十二月初七日亥时生皇十四女和硕悫靖公主。康熙五十八年（1719）九月初九日未时入圈。

文贵人，乾隆二年（1737）九月二十一日午时入圈。

尹贵人，乾隆四年（1739）九月二十六日午时入圈。

常贵人，乾隆十九年（1754）四月二十一日午时入圈。

勒贵人，乾隆二十二年（1757）十月二十五日巳时入圈。

贵常在，雍正二年（1724）四月十九日午时入圈。（笔者注：之所以称之为"贵常在"，这是根据《陵寝易知》记载而定的。在《昌瑞山万年统志》则记载为"贵答应"，对此下文有详细解释）

瑞常在，雍正二年（1724）六月十七日午时入圈。

常常在，雍正十一年（1733）九月初七日入圈。

尹常在，雍正三年（1725）三月十一日未时入圈。

禄常在，雍正三年（1725）三月十一日未时入圈。

徐常在，康熙四十一年（1702）十月十四日死，棺漆红油，统一花纹刷一次。"越栓为红绸，制无花青缎帷，明旌引，四十八人抬之。拣骨殖后，闪缎夹被一床、褥一条、绫子双层布单一条，栓瓶口时，为红片金缎双层布单"。雍正三年（1725）三月十一日未时入圈。

石常在，雍正三年（1725）三月十一日未时入圈。

寿常在，雍正三年（1725）三月十一日未时入圈。

色常在，雍正三年（1725）三月十一日未时入圈。

妙答应，雍正十一年（1733）九月初七日未时入圈。

秀答应，雍正十三年（1735）九月初六日未时入圈。

庆答应，乾隆六年（1741）三月二十四日巳时入圈。

灵答应，乾隆十一年（1746）十月十六日辰时入圈。

春答应，乾隆十九年（1754）三月十二日午时入圈。

晓答应，乾隆三十三年（1768）十月十二日辰时入圈。

治答应，乾隆十九年（1754）四月二十九日卯时入圈。

牛答应，雍正十三年（1735）九月初六日巳时入圈。

双答应，雍正七年（1729）四月二十七日卯时入圈。

以上是葬入景陵妃园寝的康熙帝妃嫔的生平简介。由于档案的欠缺或者记载不详，康熙帝的实际妃嫔数量很可能比目前知道的要多，起码据目前已有的一些史料记载情况来看，康熙帝的妃嫔数量就不止景陵妃园寝葬有的这些，其中经过对《清皇室四谱》①的整理和分析后发现，景陵妃园寝葬的那些嫔及嫔以上位号的女人，《清皇室四谱》都有记载，但《清皇室四谱》中以下的记载无法与葬入景陵妃园寝的康熙帝妃嫔对号入座：

---

① 《清皇室四谱》，是清末民初唐邦治先生在北京清史馆供职时所编，其书内容按照帝、后妃、皇子、皇女四部分内容撰写，其生卒年月大都依据玉牒，凡有事实可征者，皆具小传。由于其内容的真实得到大多数研究者的认同和采用，因此此书的价值已经是研究清史必备工具书之一。

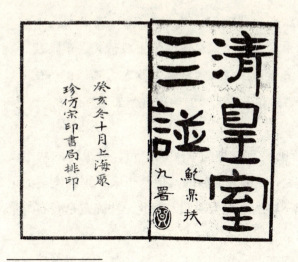

《清皇室四谱》封面书影

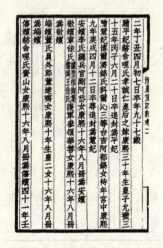

《清皇室四谱》上对安嫔、敬嫔的记载

安嫔，李氏，总兵刚阿岱女。康熙十六年八月，册为安嫔。

敬嫔，章佳氏，据圣祖御集当为王佳氏，护军参领华善女。

康熙十六年八月册为敬嫔。

贵人，纳喇氏，那丹珠女。

贵人，陈氏，陈秀女。康熙五十二年生皇子允禩。

贵人，纳喇氏，骁骑校昭格女。

贵人，易氏，雍正六年戊申卒。

庶妃，钮祜禄氏，员外郎晋宝女。康熙四十七年生皇二十女。

庶妃，张氏。康熙七年生皇长女。十三年生皇四女。

庶妃，王氏。康熙三十四年生皇十六女。

庶妃，刘氏。康熙三十七年生皇十七女。

通过比较可以发现，景陵妃园寝内未葬有《清皇室四谱》记载的安嫔和敬嫔。又通过查看《圣祖仁皇帝实录》发现，其中有册封安嫔和敬嫔的记载：

（康熙十六年八月乙巳朔）丙寅（二十二日）。遣尚书吴正治，侍郎额星格、杨正中、马喇、富鸿基，学士项景襄、李天馥等持节授册，封李氏为安嫔；王佳氏为敬嫔；董氏为端嫔；马佳氏为荣嫔；纳喇氏为惠嫔；郭罗洛氏为宜嫔；何舍里氏为僖嫔。

因此可以确定，康熙帝确实有被称为"安嫔"和"敬嫔"的两个女人。除这两个人之外，《清皇室四谱》记载的其他八个人，则因发现的记载太少，无法与葬在景陵妃园寝的其他人对照，因此无法确定是否有与景陵妃园寝内的贵人、答应和常在属同一人的人。

之前笔者就分析过，康熙帝的妃嫔应该不止葬在景陵、景陵皇贵妃园寝和景陵妃园寝的五十五人，那么像"安嫔""敬嫔"等这样的妃嫔，为什么没有葬入风水墙内的皇陵中呢？

对于这个问题，笔者认为，也许有这样三个原因：

（一）她们虽然有位号，且较高，但由于她病死的原因有可能是一种特殊的疾病，比如传染病，于是她们死后就不能葬入风水墙内的皇陵中，只能另选他处安葬。

（二）虽然现有记载中，她们的位号较高，但是后来也许因得罪了皇帝被降级，其地位有可能比答应和常在还低，还可以确定她们生前没有生育过，因为如果有生育的话，皇家玉牒上就会有记载。

（三）或者这些人生前没有侍寝过皇帝，她们死后只能葬在风水墙外。例如雍正帝的老贵人，死后就是葬在了风水墙外的苏麻喇姑园寝。

也许有人会问，既然"安嫔""敬嫔"等人确实存在，但又没有能葬入风水墙内的皇陵，那么她们会被葬在哪里呢？

回答这个问题有些棘手，因为现有的档案和史料都没有记载她们死后葬在了哪里，在档案欠缺的情况下，一切都只能根据一些只言片语的旁证进行猜测，于是被称为"曹八屯寝园"和"淑勒妃寝园"的两个地点有可能是她们死后的墓地。

据《康熙朝满文朱批奏折全译》记载，康熙五十八年（1719）九月二十日，"内务府奏为办理袁常在移葬折"：

内务府等部谨奏：为请旨事。

现窃依葬于曹八屯寝园之辛贵人例移办袁常在灵柩送往淑勒妃寝园安放，及将动土修圈之吉日良辰，交钦天监衙门，由喇嘛等择视，淑勒妃寝园乃黑山转向红色。今年十月初四日癸卯日未时动土修圈为佳，十二月十七日乙卯日未时安葬为佳，来年庚子年，山顶不合，不可动土安葬。十月初四日始动土修圈，修至十二月十七日，日期甚近，不得修建，既然来年又不可安葬，现择视移送、暂厝之吉日良辰，于今年十月十一日庚戌日辰时移送为妥，十一月二十九日丁酉日未时，暂安葬为妥。依此择视于十月十一日辰时移袁常在灵柩往淑勒妃园寝，依辛贵人之例造木板房，暂安放。此送往时，自曹八屯至蓟州，将送往二阿哥福金棺椁时所造四站席殡宫留之，自蓟州抵淑勒妃园寝间，于林河增修一站席殡宫，现既然袁常在棺椁尚未漆竣，送抵淑勒妃园寝，亦照辛贵人例修精致席殡宫，暂安放，照例恭谨油漆，十一月二十九日未时暂安放于木板房，为请示修木板房、安放寝宫之处及淑勒妃园寝图一并奏览，俟奉上指示，交付工部，预修木板房，移送、行走、守护、安放、扫墓诸事，俱依往送辛贵人之例为之；修圈、安葬、动土之处，交钦天监衙门、喇嘛等。择视山顶合年吉后，再另行仪奏可也。为此谨奏，请旨。

署理内务府总管事务郎中董殿邦、礼部尚书贝和诺、工部侍郎穆尔泰。

朱批：依奏。

在这份奏折上，明确记载有被称为"辛贵人"的葬在了曹八屯园寝，又有个被称"袁常在"的则被葬在淑勒妃园寝，去淑勒妃园寝要途经蓟州，蓟州在清东陵以西即现在的天津市蓟县。又据《康熙朝满文朱批奏折全译》记载：

> 今景山袁常在于（康熙五十八年八月）本月十二日薨，入殓、移送之吉日良辰著钦天监择视，本月十三日癸丑日申时入殓为妥，十七日丁巳日不可出殡，十九日卯时移送，现朝阳门外孙卫善花园房屋倾斜，且墙院俱倒塌，不可安放，另处亦无，既然曹八里屯殡宫有三间空房，送往暂厝，按何例办理之处，伏起圣裁。奉旨遵行。为此谨奏，请旨。
>
> 署理内务府总管事务郎中董殿邦、礼部尚书贝和诺、工部侍郎穆尔泰。
>
> 朱批：照辛贵人例，免祭文、仪仗，余依仪。

在这份奏折上，可以知道袁常在是居住在景山的，死亡日期是康熙五十八年（1719）八月十二日，十九日卯时暂安曹八里屯殡宫。又据上份奏折所知，康熙五十八年（1719）十一月二十九日未时暂安袁常在放于淑勒妃园寝木板房。而以上这些资料，可以确定实际上有袁常在这个人，而且这个袁常在是康熙帝的妃嫔，却并不能确定她所葬的淑勒妃园寝就是景陵妃园寝，景陵妃园寝当时在档案中被称为"慧妃陵"。又根据上述奏折所知，这个淑勒妃园寝就应该在蓟州附近，那么，如果这个淑勒妃园寝不是景陵妃园寝的话，那就是另外的一个葬妃嫔的园寝。

曹八屯园寝这个地点仅见于档案中，实际无任何考证。

因此，笔者根据以上两份奏折分析推测，康熙帝的妃嫔如果死后没有葬入景陵妃园寝，那就很可能死后葬在了曹八屯园寝和淑勒妃园寝。

以上仅是笔者分析，属于抛砖引玉，具体情况如何，尚待新的档案发现。

同时，根据以上两份奏折及其他档案记载还可以知道，虽然嫔及以下贵人、答应、常在在宫中地位并不算高，但是她们的丧葬礼仪还是很隆重讲究的。因此可以推测，妃嫔薨逝，入殓、移送之吉日良辰皆需要著钦天监择视，移送停灵处谓之出殡，奉移时，沿途送葬的仪仗、车马安排极其隆重。然后由宫廷内钦天监、喇嘛，依照山陵风水，选定入葬吉期奉移山陵。如果遇到山陵风水与下葬年份日期相克，只能在陵园内搭造木板房，临时将金棺停在板房中，要等待吉年吉日才能下葬，谓之暂安。下葬的圈位（即宝顶位置），是皇帝根据寝园图纸亲自圈定，才能修圈（建地宫等）。修圈、安葬、动土之处，均由钦天监衙门、喇嘛等择视山顶合年吉后确定。

据《康熙朝满文朱批奏折全译》记载，康熙四十一年（1702），常在死后："棺漆红油，统一花纹刷一次。越栓为红绸，制无花青缎帷，明旌引，四十八人抬之。拣骨殖后，闪缎夹被一床、褥一条、绫子双层布单一条，栓瓶口时，为红片金缎双层布单。"

又据《康熙朝满文朱批奏折全译》记载，贵人死后，使用棺椁等丧葬礼仪等情况如下：

> 贵人薨，喇嘛、太监、和尚、道士等转轴念经，棺漆红油，以蟒缎一匹、闪缎一匹、绸一匹为之，刷三次。越栓为红绸，架红蟒缎帷。纯小龙蓝蟒缎垂帐，停放五龙亭三日，前设银制五供桌，每日贡献饭桌、茶、差派饭上人、茶上人，著在贵人前女子四人、太监十二人穿孝。差派未轮主子班内管领一人，著一管领之半数男丁、妇女穿孝，俱禁剪发辫。棺罩顶帏为红绸，垂沿为纯小龙蓝妆缎，顶子以旋木贴飞金，抬架、幡、抬杠为红色，六十四人抬，穿孝舆服。备六马驮二皮包列队，仪仗为镀金顶金黄色轿一顶、金黄色车一辆、宝箱有花红绸伞二把、素金黄色扇屏二座、贴飞金凤凰黑旗一对、银脸盆一个、痰盂一个、香炉一

个、盒一个。

如果是贵人，死后按嫔丧礼仪办理，其情况如下：

> 著喇嘛十一人转轴念经，皇上辍朝二日，此二日自皇宫以
> 下，宗室以上，不祭、不还愿，著素服。停厝三日，每日晨贡献
> 饭桌、夕贡献馂馂桌、茶。差膳上人、茶上人，著四十喇嘛念经
> 三日，棺油漆金黄色，帏、棺罩顶帏俱用金黄色绸、垂沿为纯小
> 龙蓝妆缎，顶子为旋木贴飞金，抬架、引幡、抬杠俱为金黄色，
> 刷棺椁时，以金黄色蟒缎一匹红片、金缎一匹、闪缎一匹，刷三
> 次，棺椁越栓红绸。在贵人处之女子、太监、娘家男、女穿孝。因
> 贵人无派份管领，差派未轮主子班内管领一人，著一管领之半数
> 男、女穿孝，俱禁剪发辫；和硕亲王以下，内大臣、侍卫、民公、
> 侯、伯、都统、尚书、子以上，固伦公主、和硕福金以下，固山贝
> 子福金、县主以上，民公、侯、伯、都统、尚书、子之妻室齐集。
> 出殡备八马驮二皮包列队。仪仗宝箱有花红绸伞二把、素金黄色扇
> 屏二座、贴飞金凤凰黑旗一对、树瓜棍一对、金黄色轿一顶、金黄
> 色车一辆、银脸盆一个、痰盂一个、香炉一个、盒子一个。

通过以上记载分析，笔者认为，康熙朝的贵人及贵人以下位号的妃嫔死后，是火化装骨灰坛后，再将骨灰坛放入棺椁，并且其棺椁是红色，被称为朱棺。而嫔则使用金黄色棺椁，被称为金棺。这只是笔者分析，具体情况尚待新的档案发现。

五、两份史料的差异

说到研究，就离不开档案，尤其是陵寝研究，不仅需要实地考察，还需要文字档案的研究，档案和考察相结合，才能找出线索，发现问题，研

究历史课题。

目前，关于清东陵的档案主要有两本书，即《陵寝易知》和《昌瑞山万年统志》，其中《陵寝易知》是守陵官员为了当差方便而编写的工作手册；《昌瑞山万年统志》则属于官方记录的陵寝事宜档案。又据了解，《昌瑞山万年统志》目前有三个版本，分别收藏于清东陵、北京故宫和国家图书馆，清东陵收藏的是光绪年间的原件，北京故宫收藏的是乾隆年间抄录的版本，国家图书馆收藏的是光绪年间抄录东陵原件恭呈光绪帝翻阅的。东陵版《昌瑞山万年统志》是原本真件，但只有东陵研究者才能看见其真容。国图版是光绪年间抄录的东陵版原件，并且是进呈光绪帝翻看的，故此价值较大些。笔者经过对东陵版和国图版的比较发现，国图版的《昌瑞山万年统志》除了个别错误外，不但在抄写文字上较为清楚，还比东陵版《昌瑞山万年统志》多了各陵的陵图，尤其是各妃园寝的葬位图，东陵

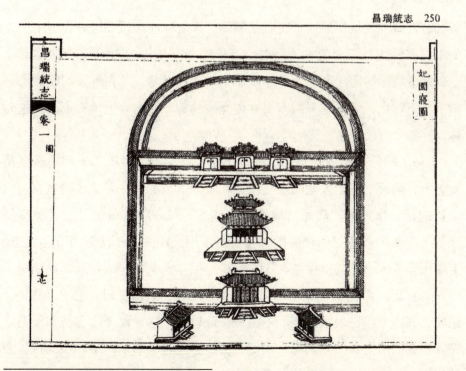

东陵藏的《昌瑞山万年统志》上绘制的景陵妃园寝图

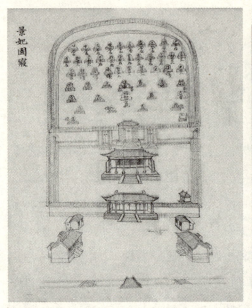 

国图版《昌瑞山万年统志》上绘制的景陵妃园寝图，此图上　《陵寝易知》上所绘制的景陵妃园寝葬位图
标注着葬位名称

版和故宫版上则仅仅是一个陵寝绘制图，没有标注妃嫔葬位。在本书中，如果没有标注是哪个版本《昌瑞山万年统志》，则说明适用三个版本。于是，笔者将国图版《昌瑞山万年统志》与《陵寝易知》在景陵妃园寝部分做了一下对比，结果发现两本书在内葬人物部分的内容上稍有不同，主要体现在四个方面：

（一）两份葬位图的不同。在国图版《昌瑞山万年统志》和《陵寝易知》上，均绘制有景陵妃园寝陵图，在陵图上也都标注着妃嫔的葬位。但奇怪的是，作为国图版《昌瑞山万年统志》与守陵官员记录的《陵寝易知》上绘制的景陵妃园寝陵图葬位有所不同。国图版《昌瑞山万年统志》上陵图葬位的第三层宝顶主人从左至右是：十八阿哥、成妃、顺懿密妃、平妃、宜妃；第四层是纯裕勤妃、惠妃、□妃、温僖贵妃、□□、慧妃、荣妃，其中"□"表示此字看不清楚，故以此代之。而《陵寝易知》上陵图葬位第四层为：十八阿哥、成妃、襄嫔、宜妃、平妃；第四层七位，为纯裕勤妃、惠妃、温僖贵妃、顺懿密妃、慧妃、荣妃、宜妃。为什么国图版《昌瑞山万年统志》上所绘制的陵图葬位与《陵寝易知》上所绘制的陵图葬位区别这么大呢？还有，国图版《昌瑞山万年统志》上所绘制陵图宝顶的布局，前半部确实是对称均匀的，并且宝顶建在园寝中轴线上；而《陵寝易知》上所绘制的陵图葬位，则是前三层中间略显空白，园寝中轴线上没有建宝顶。

对于国图版《昌瑞山万年统志》与《陵寝易知》上两张绘图出现的差异，研究者均是以《陵寝易知》上的绘图为准，其原因是有另外一张可以参照的景陵妃园寝葬位图作为佐证，即 20 世纪 80 年代，清朝景陵内务府所在地——东沟村，有村民捐献了一张清朝时期的景陵妃园寝葬位图，图上标注着各宝顶葬位的主位名称，这张捐献的图与《陵寝易知》上所绘制的图是一样的。这说明东陵守护官员一直是按照这张图上标注的妃嫔葬位进行祭祀活动的。

还需要注意的是，国图版《昌瑞山万年统志》上所绘制的景陵妃园寝葬位图，其上面标注着马槽沟上有三座桥，其中拱桥的两侧还各有一座桥；《陵寝易知》上的景陵妃园寝葬位图，其马槽沟上只标注两座桥，其中拱桥为中路桥，东侧为平桥。而据实地调查，景陵妃园寝马槽沟上有桥两座，中路为拱桥，东侧为平桥。通过核对知道，《陵寝易知》上绘制的陵图是对的，而国图版《昌瑞山万年统志》上绘制的陵图则是错的。

（二）使用词语上的区别。在《昌瑞山万年统志》记载中，嫔及嫔以上级别的女人，葬入地宫的使用词语是"奉安"，贵人、答应和常在级别的女人，葬入地宫的使用词语是"入圈"，且包括这些人具体葬入地宫的时间都有详细的记载。《昌瑞山万年统志》的陵图上虽然标注有康熙帝十八皇子，但文字部分没有记载康熙帝十八皇子，而《陵寝易知》无论是陵图还是文字则都有记载，并且与其他妃嫔葬入地宫使用的均是"奉安"这个词语。只不过《陵寝易知》虽然记载有十八皇子，只是没有记载是哪天入葬的，其他妃嫔的入葬时间，也只有年月，没有具体到哪天哪个时辰。相比之下，在记录入葬时间方面，《陵寝易知》倒不如《昌瑞山万年统志》记载的详细了，不知为何。

（三）两个位号前后排列不同。在《昌瑞山万年统志》里记载景陵妃园寝内葬人的位号排列顺序是：贵妃、妃、嫔、贵人、答应、常在；在《陵寝易知》里记载的妃园寝内葬人的位号排列顺序是：贵妃、妃、嫔、贵人、常在、答应。据《清史稿》记载，清朝后妃位号排列顺序是：皇后、皇贵妃、贵妃、妃、嫔、贵人、常在、答应。那么，为什么在这两本档案里会出现位号"答应"和"常在"排列上的不同呢？本来在官方档案里，不仅使用词语要较为规范，就是其位号排名的前后，也是意味着身份的尊卑。而人们又习惯认为"常在"的位号高于"答应"位号。既然如此，那为什么还会在《昌瑞山万年统志》里出现"答应"位号会排在"常在"前面呢？笔者认为，《昌瑞山万年统志》上的这种位号的排列方式，还是有问题的，准确说法还是应该"常在"排在"答应"之前。

（四）同一个葬位主人的位号记载不同。在《昌瑞山万年统志》里记载有十个答应、八个常在；《陵寝易知》里记载景陵妃园寝葬有九个答应、九个常在。通过比较发现，《昌瑞山万年统志》里记载有一个"贵答应"，下面小注为"雍正二年四月十九日午时入圈"；《陵寝易知》里记载有"贵常在"，下面小注为"雍正二年四月奉安"。对于这种记载上的个别差异，大多数研究者都是以《陵寝易知》记载为准，即使用"贵常在"这个称呼。其理由有三：

1. 虽然"贵答应"与"贵常在"两个位号不同，但是其入葬时间是相同的，而除此之外，这两份档案记载的其他人位号都是相同的，因此可以判断，"贵答应"和"贵常在"就是同一个人。

2.《陵寝易知》上还记载有一首守陵人为了祭祀不出差错编写的葬位歌诀，在歌诀上只有"贵常在"而没有"贵答应"这个称呼，这说明当初守陵人也是称呼其为"贵常在"。

3. 在请东陵东沟村村民捐献的景陵妃园寝的葬位图上，还写有一首葬位歌诀：

景妃园寝主位多，四十九位式如何？

陵寝门内左右审，左马贵人右僖嫔。

二层端嫔定妃位，西边熙嫔良妃对。

十八阿哥三层东，紧挨成妃襄嫔宫。

西边宜妃平妃是，宝顶相连如雁翅。

四层妃位更尊严，纯惠温顺慧荣宣。

五层尹贵合谨嫔，相接空券十分准。

伊布相隔新贵脉，通静穆嫔色常在。

六层文蓝二贵人，常瑞袁贵常在真。

徐贵石常常勒贵，寿常在券下相随。

七层尹路常在共，妙秀庆灵号答应。

西边春晓冶牛双，五位答应紧靠墙。

若能熟习此位歌，园寝奉祀不难说。

经比较，这首歌诀与《陵寝易知》上记载的祭祀葬位歌诀是一样的。故此，研究者认为"贵常在"这个称呼更准确一些，因为即使错将"贵答应"称为"贵常在"，也不会在礼法上造成对古人不尊重，宁愿在事实上抬高死者身份，也不能降低其身份，这在考古和历史研究上，已是不成文的规矩。

值得注意的是，在这首歌诀里面提到了两个奇怪的事情：

（一）景陵妃园寝内葬有康熙帝的十八阿哥。

（二）景陵妃园寝内有一个空券。

由于这两个事情被人们列为历史之谜，于是，景陵妃园寝之谜开始走进了人们的视线。

六、埋藏着四大谜团

在清朝的妃园寝中，要说是各自隐藏着的历史谜团，只有景陵妃园寝的谜团才是最名符其实的，它们或是隐藏在历史尘埃里，或是明摆在宝顶间，却都是那么传奇、也最神秘。那么，景陵妃园寝都有哪些谜团值得关注呢？

经过梳理，笔者现将景陵妃园寝的四个历史谜团一一列举如下：

谜团一：阿哥葬入妃园寝。

妃园寝，顾名思义就是埋葬皇帝妃嫔的墓地，然而在景陵妃园寝里，却还埋葬有康熙帝年仅八岁就去世的十八阿哥①。

十八阿哥，名允祄，生母顺懿密妃，生于康熙四十年（1701）八月初八日。康熙四十七年（1708）五月跟随康熙帝巡幸塞外，八月十九日，刚度过八岁生日的允祄在永安拜昂阿生病。为了抢救允祄的生命，康熙帝不仅派御医给予治疗，并于当天谕旨令在北京的三皇子允祉、四皇子胤禛迅速派其他医生前来：

> 谕三阿哥、四阿哥。十八阿哥腮肿甚大，故召大夫孙之定、祁佳兆。文到之日，著玛喇噶之妻、刘妈妈、外科大夫妈妈何氏等三人来，派出干练之人，其随从人等皆令乘驿，并拨人役车辆，视其所能，日夜兼程前来，若刘妈妈病未痊愈则拨。至于何氏，内太监皆知之，朕亦由此遣人往迎。为此急书颁下，勿妄张扬。

八月二十日，三皇子允祉、四皇子胤禛接到谕旨后，不敢怠慢，立刻派遣员外郎硕图库、管领那尔布选择好车良马，将谕旨中提到的三人送来，并写奏折询问允祄病情：

> 臣等闻阿哥腮肿甚大，心甚不安，今好与如何，伏乞皇父降旨。

---

① 阿哥，清朝皇帝对皇子的称呼。

八月二十二日，康熙帝接到奏折回复道：

> 该阿哥在朕院内善加调养，不顾一切，昼夜勤治，今已大好，
> 全然无妨，尔等放心，犹如朕之老身复生。

康熙帝在谕旨中充满了父爱的关切，称允祄病情的好转令自己感到了有种重生再世般的高兴。八月二十九日，允祄的病情再次有所好转时，康熙帝异常高兴，并决定回北京，为了照顾允祄，每天的行程不超过二十里。因此，他给在京城的皇子谕旨中写道：

> 仰赖佛恩，十八阿哥今又好些，朕心神渐宽些。今将回銮，
> 但不能远行，止走二十里以内，故寄尔知之。

然而九月初二日早晨，允祄的病情却突然加重，并发展为不可能挽回生命的状态时，无奈之下的康熙帝非常痛惜，但为了顾全大局而决定适可放弃感情上的割舍，因此他谕扈从诸大臣等：

> 自十八阿哥患病以来，朕冀其痊愈，昼夜疗治。今又变症，谅已无济。朕躬所系甚重，上则恐贻高年皇太后之忧；下则天下臣民，咸赖予一人，区区稚子，有何关系？朕乃割爱，即此就道，至二十里许驻

皇太子允礽

眸，特谕。

虽尽全力治疗，但允祄还是于九月初四日病死。康熙帝悲痛的同时却发现，跟随自己身边的其他皇子却对失去一个小弟弟无动于衷，一点悲哀的感情都没有，这令他很是失望，尤其是皇太子允礽的表现，更是令康熙帝忍无可忍，愤怒至极，于是在允祄死的当天，康熙帝命允礽跪于地上，老泪横流作出了"拘执"废黜皇太子的决定，当时康熙帝是这么说的：

十八阿哥患病，众皆以朕年高无不为朕忧虑。伊系亲兄毫无
友爱之意，因朕加责让伊反忿然发怒。

允祄死后不久，就于康熙四十七年（1708）十月葬入了景陵妃园寝，其葬位在第三层宝顶东面第一位，但地面上不封不树，没有建宝顶、月台等附属建筑，并且葬入后没有任何祭祀。

景陵妃园寝十八阿哥墓上无封土

据《大清会典》记载："康熙年间定，凡皇子初殇，皆备小式朱棺，祔葬于黄花山园寝，惟开墓穴平葬，不封不树。"

按照以上规定，早殇皇子墓穴不封不树，但应该埋葬在黄花山即清东陵风水墙外的西面才是，可为什么十八皇子却被葬入了风水墙内的妃园寝内呢？还有，康熙帝有十五个早殇皇子，为什么单单把十八皇子允祄葬在这座妃园寝呢？是因为当时国家建不起园寝吗？这当然是不可能的。是因为允祄未成年，不值得单建园寝吗？也不是。如果是这个原因，为什么另外十四个早殇的皇子不葬在这座妃园寝内呢？那么，难道是因为允祄的生母顺懿密妃受宠并葬在了这座妃园寝而子随母葬的吗？答案是否定的，因为在景陵妃园寝内，有许多早殇皇子的生母，她们的早殇子并没有随葬，而且允祄死的时候，其生母还健在，并且于康熙五十七年十二月才晋封为密嫔，所以这个理由也站不住脚。那是否因为允祄特别受钟爱，康熙帝才把他葬在景陵附近的妃园寝里，以使娇儿不仅母子相聚还能常依自己的膝下吗？答案还是否定的，在康熙帝的十五个早死的皇子中，虽然康熙帝对允祄也是十分喜爱，还因他的死斥责兄长和皇太子的允礽对允祄的病死没有丝毫的哀伤，但要说康熙帝最钟爱的皇子莫过于承祜。承祜是孝诚仁皇后所生，属于嫡出，而且聪明贵重，气宇不凡，被康熙帝视为掌上明珠。当承祜死时，康熙帝悲痛万分，多日躲在寝宫里闷闷不乐。但尽管如此，康熙帝却没有将最钟爱的承祜葬在妃园寝内，因此说，因为最喜爱允祄而将其葬入妃园寝这个理由也是不成立的。那难道是因为允祄属于庶出，不受钟爱，将其降格才葬在妃园寝吗？那就更不是了，因为在十五个早亡皇子中除承祜外，都是庶出，而且有的生母还是贵人，而这些皇子并没有被葬入妃园寝，所以说这个理由也是站不住脚的。

作为景陵的附属陵寝，景陵妃园寝坐落在风水墙内景陵的旁边，里面的人物葬位都是严格按照身份等级排列的，其墓制规格也是按照严格的标准建造的，而且内葬人的等级标准都是关乎着陵寝风水的，因此出于这些因素，就是那些没有侍寝过康熙帝的低级侍妾，都是无资格葬入妃园寝

景陵妃园寝空券宝顶

的，就更不要说属于男性的皇子了。因此将十八皇子葬进景陵妃园寝，至今还是一个未解之谜。但有一点可以肯定，十八皇子能葬入妃园寝，对其身份来说，肯定是一种无上的尊荣。

还有，在这里值得注意的是，未受封的皇子地宫等级很可能就是常在级别即砖池，但实际情况如何，还有待进一步考证。

谜团二：景陵妃园寝有一个空券。

据《陵寝易知》记载，在景陵妃园寝第五层东数第三个宝顶，其下面是一个空券。对于这个空券的存在原因，目前大多数研究者都认为这个空券曾是安葬敏妃的，是因为敏妃被雍正帝追封为皇贵妃并迁葬景陵地宫后留下的，而且这种解释也最合情合理，除了这种解释，还真找不到别的合理解释了。为什么要这么解释呢？因为在《陵寝易知》中记载敏妃的葬入日期是康熙三十八年（1699）十月，既然敏妃是康熙三十八年（1699）就葬入地宫了，那么当时除了葬入景陵妃园寝外，不可能葬在别处。为什么这么说呢？这是因为敏妃在康熙三十八年（1699）十月，其封号还是妃等级，死在她之前的温僖贵妃都葬在了妃园寝，而她这个只是妃封号的女人，也就只能葬在妃园寝。

可是，目前依旧有人对此解释持怀疑态度，认为景陵妃园寝的空券根本就不是敏妃使用过的，其理由有二：

（一）康熙三十五年（1696）葬入妃园寝的平妃，其宝顶在第三层西侧；康熙十年葬入的慧妃葬在第四层宝顶温僖贵妃宝顶的西面。那为什么

景陵妃园寝鸟瞰

深受康熙帝喜爱的敏妃，在康熙三十八年（1699）葬入时其宝顶却是在温僖贵妃宝顶后面的第五层呢？

（二）目前尚未发现敏妃在康熙朝葬入妃园寝的记载，也未发现档案中有迁葬敏妃的记载。

至于景陵妃园寝空券产生的原因，期待能发现新的档案信息来支持。这里需要强调的是，笔者支持空券是敏妃的这种说法。

谜团三：景陵妃园寝后院前半部空留着没有建宝顶。

无论是走进景陵妃园寝还是翻阅《陵寝易知》上所绘制的陵寝葬位图，都会发现景陵妃园寝有些与众不同，那就是在景陵妃园寝的后院，前三层宝顶区域的中心重点地段都空着没有建宝顶。每当进入院落，由于两侧的宝顶并不妨碍目光直视，以至于眼前突显空荡荡的感觉，这是为什么呢？

对于这种情况，目前有两种说法：

（一）预留分位原因。有人说，根据景陵妃园寝葬位分布呈现出来的前松后紧的现状，认为这是一种人为有意的安排，其用意是为悫惠皇贵妃和惇怡皇贵妃预留的分位，因为她们地位尊贵，所以雍正帝和乾隆帝为她们预留了分位。如果仅从两位皇贵妃死亡时间，以及乾隆帝单独为她们建陵来看，这种说法似乎很有道理。因为这也就可以解释为什么乾隆元年来保要求将妃园寝琉璃门前移，以此扩展后院的使用面积了。从实地调查看，如果给两位皇贵妃在第一层、第二层和第三层空出来的地方建方城、明楼和宝顶，空出来的这三层中心部分土地，似乎又小了些。又因为乾隆帝没有同意将琉璃门前移，所以，这才单独新选地点为两位皇贵妃建园寝。可笔者对这种说法持谨慎怀疑的态度，其原因有两个：

1. 如果为了预留分位而空让出来的话，难道这种想法在康熙朝时康熙帝就有先见之明已经考虑到了将来会有悫惠皇贵妃和惇怡皇贵妃两位皇贵妃葬在这里吗？因为悫惠皇贵妃的"皇贵妃"这一位号是雍正二年（1724）得到的，惇怡皇贵妃的"皇贵妃"这一位号则是乾隆八年（1743）

得到的。而在康熙朝，前三层宝顶院落的中心地段就空着没有使用。在雍正朝，这三层的宝顶数量还是康熙朝那样并没有增加，其宝顶位置也没有改变。只不过到了乾隆朝，乾隆帝才在第二层和第三层的内两侧增添五个宝顶，而第一层还是保留着康熙朝时的原样。这说明了什么呢？这说明无论是雍正帝还是乾隆帝都认为，康熙帝的本意就是第一层只能东、西各建一个宝顶，他们对康熙帝的设计理念都是默默地遵守。

2. 如果仔细观察就会发现，在康熙朝，第四层和第五已经建好了四个宝顶，其中第四层中间两个宝顶的间隔较大，第五层中间的两个宝顶间隔也较大，却均建在园寝中轴线的两侧，第四层康熙帝建好的两个宝顶之间的宝顶，其葬入者时间为乾隆八年（1743），位号是妃的顺懿密妃，得到"妃"这一位号时间是雍正二年（1724）；第五层中间两个宝顶间却是空着一直没有建宝顶。于是笔者在这里试问：如果说景陵妃园寝前三层宝顶的中心部分的空留是为了悫惠皇贵妃和惇怡皇贵妃两位皇贵妃或者更为尊贵者预留分位，那么，在康熙朝，现在的顺懿密妃这个葬位是否建有宝顶？如果建有宝顶而没有葬人的话，这个分位又是为谁预留的呢？还有，如果当初康熙帝在现在顺懿密妃葬位建有宝顶，这个宝顶位置必然是园寝的中轴线，那为什么第五层宝顶没有考虑在中轴线上也建一个宝顶呢？

因为以上的疑问笔者无法找到答案，故此对预留分位这一说法，持保留意见。

（二）设计之初，就故意空留这些中心部分。景陵妃园寝共七层宝顶，其中康熙朝在六层宝顶都葬入妃嫔了，在这六层宝顶中，虽然第四层和第六层各有一个宝顶位于园寝的中轴线上，但在康熙朝没有一个妃嫔是葬在园寝中轴线上的。并且奇怪的是在康熙朝就已经明确存在的第五层宝顶，至今也没有一个是建在园寝中轴线上的。这说明了什么？笔者认为，这说明康熙帝在设计宝顶葬位时，或者根本没有考虑在园寝的中轴线上建宝顶。再根据康熙帝营建的孝东陵小宝顶的排列，是否可以认为景陵妃园寝的宝顶排列形式，其形状有些像孝东陵那些小宝顶分列

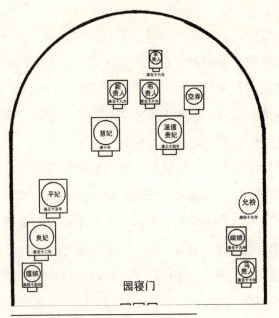

景陵妃园寝康熙年间葬位示意图（绘图：徐鑫）

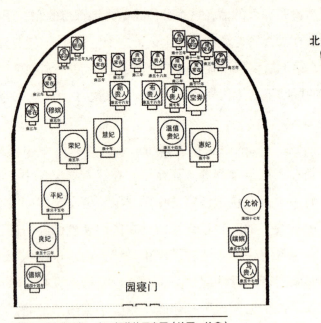

景陵妃园寝康熙朝、雍正朝葬位示意图（绘图：徐鑫）

为东、西两侧呢？因此笔者认为，康熙帝在初期设计景陵妃园寝宝顶的排列时考虑的方向是：前半部宝顶为东、西两侧，中间部分空出来，后半部则是分列布局。这样就可以突出第四层宝顶位置更为尊贵，否则就无法解释为什么在康熙朝，妃、嫔、贵人葬位能排列在前三层，而且同样是嫔，其葬位可以在第一层，也可以在第二层，只不过第一层第二位是嫔，第二层第一位是嫔；同样是妃，可以在第二层，也可以在第三层，只不过第二层第二位是妃，第三层第二位是妃。按照这种排列规律，第四层应该有贵妃，实际上也果然如此，康熙帝在第四层第一位葬入的是贵妃，而且其葬位已经在园寝中轴线的左侧。经过实地测试和档案的记载，这样的宝顶布局，有些像群臣护翼着处于园寝中心部位的宝顶，的确更能显得中间的宝顶尊贵。康熙帝考虑自己妃嫔较多，而且大多数当时都健在，为了达到这种设计目的，他故意将仅有少数入葬者的宝顶分为六层排列，并且前三层宝顶的中心部分都空出来，而后三层宝顶则都是按照先中间葬入的宝顶形式。以此暗示嗣皇帝，将来自己的妃嫔死后，即使妃园寝葬位不够用，也不能占用前三层的中间部分建宝顶。笔者之所以这么说，因为在康熙朝，景陵妃园寝的一些葬位是提前就确定哪里葬谁的而建好了宝顶。如新贵人是康熙五十八年（1719）葬入景陵妃园寝的，她的葬位就是康熙帝亲自圈定，并特意指出，她的葬位在徐常在葬位前面，而当时徐常在还健在。据考证，雍正三年（1725）葬入景陵妃园寝的徐常在，其葬位的确在新贵人宝顶之后。由此可见，徐常在死后的葬位在生前就已经被康熙帝圈定，虽然她死在了雍正朝，雍正帝还是将她按照康熙帝的意愿葬在她生前的那个已经早就被圈定的分位，这可以说明雍正帝认识到了康熙帝对妃园寝的设计理念。又由于乾隆帝也认识到了康熙帝的这种设计理念，故此即位之初，就让人考察是否可以考虑扩展妃园寝后院面积，但当听说扩展妃园寝的代价将是前移园寝门，而前移园寝门后也只是能多增加一层宝顶，而增加的这层宝顶所能增加的宝顶数量也是极为有限的，却因增加一层宝顶的缘故，不仅破坏了康熙帝设计理念的初衷，还打破了妃园寝宝顶排列次序的视觉美观，因为即使将园寝门前移，前半部中心还是必须要空着，但如果前半部四层的中心部位都空着的话，就会产生一种非常不和谐的视错觉感——庭院深深无底洞。故此当乾隆帝考虑到这些因素后放弃了扩展妃园寝的计划。以上只是笔者根据康熙朝葬入者的宝顶位置推断，实际情况如何，尚需档案的进一步佐证。

谜团四：景陵妃园寝宝顶的排列非常混乱。

按理说，妃嫔中地位高的，应该葬在前排，并且居中，其次葬两旁或后面。可是景陵妃园寝内各妃嫔葬位的排列，并没有遵循这一规则，前三排中不仅有嫔、贵人级别的葬位，更为独特的是，前三排的中间部位留出了空地，并没有建任何宝顶。并且园寝中最为尊贵的温僖贵妃和顺懿密妃排在第四层，虽然顺懿密妃排在第四层的园寝中轴线上，但温僖贵妃却排在了她的东侧。据查，温僖贵妃死于康熙年间，并于康熙年间入葬，得到"贵妃"这一位号的时间也是在康熙朝；而顺懿密妃则是乾隆年间死和乾隆年间入葬的，得到"妃"这一位号时间则是雍正朝。那么，是什么原因使得后来者"妃"却能占据更为尊贵的园寝中轴线而令"贵妃"在旁陪伴了呢？原来，这是由于她们葬入妃园寝先后顺序造成的。至于为什么在这两朝空着，有人解释说是为了给悫惠皇贵妃预留的穴位。悫惠皇贵妃在康熙三十九年（1700）被封为贵妃，在康熙朝，这是继温僖贵妃死后仅有的第二位贵妃，其地位当时也是仅次于皇后，所以是给她留出来的位置。然而令人想不到的是，悫惠皇贵妃寿命很长，活到了乾隆八年。在乾隆二年（1737），乾隆帝以悫惠皇贵妃和惇怡皇贵妃曾抚养过自己为由，为这两位皇贵妃单独建了皇贵妃园寝。于是悫惠皇贵妃在妃园寝第四排温僖贵妃宝顶与慧妃宝顶之间的位置只能空到了乾隆十年（1745），这时候恰好顺懿密妃死了，顺懿密妃又是当时还活着的康熙帝妃嫔中地位最高的，于是乾隆帝就将她葬在了这个位置。以上只是笔者分析的，具体原因尚需得到档案的支持。

对于造成景陵妃园寝妃嫔等级葬位混乱的原因，目前有两种说法：

（一）康熙帝的妃嫔很多，她们葬入妃园寝的时间从康熙二十年（1681）到乾隆三十三年（1768），前后时间差为 87 年，她们生前死后身份的变化，都是造成葬位上混乱的原因。

笔者根据这些妃嫔入葬先后时间绘制图表时发现，康熙帝在安排景陵妃园寝这些妃嫔葬位时，其心态很是奇怪：康熙五十七年（1718）入葬的马贵人，葬位在第一层的第一位；康熙五十八年（1719）入葬的布贵人、新贵人和袁贵人，葬位在第五层、第六层，为什么会出现这种看似不符合规律的排列呢？而根据实地勘测葬位绘制图，只能说明这两点事实：

1.康熙朝时的葬位显示，当时宝顶南、北层数为六层外，并且妃、嫔、贵人宝顶排列毫无规律可循。即第一层排列的是贵人、嫔；第二层排列的是嫔和妃；第三层是皇子和妃；第四层是贵妃和妃；第五层是空券（即使空券是雍正朝产生的，也不能看出有什么规律）、贵人、贵人；第六层是贵人。

2.景陵妃园寝宝顶的排列，其前半部分在康熙朝就是前三层中心部位是空出来的，并且园寝的中轴线上没有安排葬位。

因此，笔者对因康熙帝妃嫔数量较多且死亡间隔大，以及生前地位变化等原因是造成妃园寝葬位混乱的说法，不敢苟同。因为如果仅仅按照康熙朝葬入者来说，似乎混乱，但如果看雍正朝和乾隆朝葬入者身份来说，还是有规律可遵循的。并且如果就妃园寝宝顶整体的排列布局来看，还是规则且分布合理的，而且在空中鸟瞰景陵妃园寝宝顶的排列效果也是非常壮观、震撼的。

（二）有人在网上以"景陵妃园寝显露天机"为题写文章，认为康熙帝在景陵妃园寝表面上葬自己的妃嫔，实际上隐藏着他心里的一些"秘密"，经过归纳，其原文所说"秘密"中心意思如下：

1.景陵妃园寝后半部的券位结构是在模仿清东陵山峦。

2. 清孝陵是一个空穴。

3. 顺治的消失是与近身侍卫有关。

4. 康熙第十八子允祄在景陵妃园寝的地位象征顺治皇帝。

5. 被秘密废黜的顺治皇帝监禁在山西晋城皇城相府。

对上文这种无聊的说法，笔者一笑置之，试问：如果康熙帝真的在这里故弄玄虚设摆迷局，其用意何在？不至于他的目的就是让后人研究他的妃园寝古墓迷踪吧？故此，笔者借用一位网友对此文的一句精妙评价："估计写此文的人推理小说看多了。"

第八章

传奇的景陵皇贵妃园寝

在清朝，只有康熙帝有两座妃园寝，其中一座妃园寝虽然只葬有两人，但规制很高，墓主人身份也高。据查，建这座园寝的人是康熙帝的孙子乾隆帝，营建的原因是这两个妃子抚育过幼年时期的乾隆帝。研究者查档案时发现，不仅这两个皇贵妃神牌在不同的制作地点，还意外得到了一份丧葬「礼」单。

一、最奇特的规制

在景陵妃园寝东南约一里远的地方，也建有一座妃园寝，该园寝虽然也是厢房和值班房用布瓦，其他建筑及墙帽儿均用绿色琉璃瓦盖顶，但它最惹人注目的地方，就是那东西向并排建有两座方城和明楼。

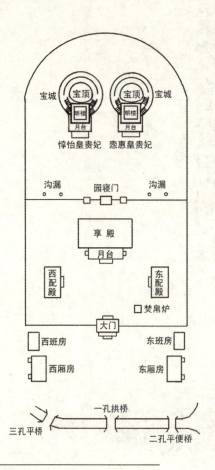

景陵皇贵妃园寝平面示意图（绘图：徐鑫）

景陵皇贵妃园寝拱券桥

景陵皇贵妃园寝马槽沟西三孔平桥

景陵皇贵妃园寝东厢房

景陵皇贵妃园寝大门

景陵皇贵妃园寝东配殿

景陵皇贵妃园寝享殿遗址

景陵皇贵妃园寝园寝门

景陵皇贵妃园寝双方城明楼

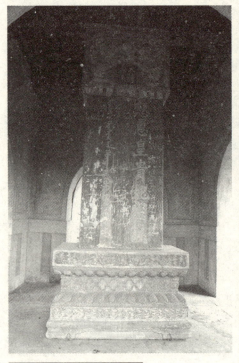
景陵皇贵妃园寝悫惠皇贵妃朱砂碑

景陵皇贵妃园寝悖怡皇贵妃朱砂碑

　　据实地调查，该园寝建筑由南往北依次为：最前面是一条砖砌马槽沟，马槽沟正中建一孔拱桥一座，拱桥东侧有一座两孔便桥，拱桥西侧有一座三孔平桥，马槽沟以北的地面为砖海墁，拱桥之北的东、西两侧为东、西厢房各五间，厢房之北为东、西值班房各三间，园寝大门三间，大门前有月台，月台前是石踏跺。园寝前院的东、西两侧建有东、西配殿各五间，东配殿以南建有一座绿琉璃瓦焚帛炉，前院中轴线上稍北是享殿一座，面阔五间，享殿后面有园寝门三座，中间为琉璃门，两侧为随墙门。后院有两座规制相同的方城，东西并排而建，方城上各建明楼一座，单檐歇山顶，明楼上没有悬挂匾额，明楼内竖碑各一统，碑文用满、汉两种文字镌刻，汉字在左，满文在右，碑额题"大清"二字，也用两种文字镌刻。东明楼碑上的文字是"悫惠皇贵妃园寝"，西明楼碑上文字为"悖怡皇贵妃园寝"。明楼以北是宝顶，宝顶下是地宫，宝顶外是宝城。

园寝围墙外的东、西两侧是用人工培堆的砂山，砂山并不高，砂山及其拱桥附近植仪树 1800 株，园寝北面是自然土山，为园寝后宝山（或称靠山）。

这座妃园寝内葬有康熙帝的两位皇贵妃，是一座皇贵妃园寝。《陵寝易知》称此园寝为"悫惠皇贵妃园寝"，《昌瑞山万年统志》上称之为"太妃园寝"；因园寝内只葬有两位皇贵妃，且建有相同的两座方城、明楼和宝顶，故此当地人习惯称它为"双妃陵"；而研究者则称之为"景陵皇贵妃园寝"；《清皇室四谱》上也称其为"景陵皇贵妃园寝"。

这座妃园寝是清朝皇陵中规制最高的妃园寝，不仅因为它里面葬有仅次于皇后的两位皇贵妃，还因为它的建筑规制明显超出了标准妃园寝的规制，清朝建方城、明楼的妃园寝有两座，另一座是裕陵妃园寝，但只建一座方城明楼，逊于景陵皇贵妃园寝。因为这两座妃园寝均建于盛世时的乾隆朝，因此它的规制未能被后世所采用，于是其规制被定性为超规制的妃园寝。

将这座皇贵妃园寝与其他妃园寝比较，它主要有以下五个特点：

景陵皇贵妃园寝马槽沟东二孔便桥

景陵皇贵妃园寝西配殿

（一）马槽沟上建有三座桥，除了中间拱桥和一座三孔平桥外，还比其他妃园寝多建了一座两孔平便桥。这在妃园寝中是唯一的特例。

（二）帝、后陵的朝房均有前廊，妃园寝厢房无前廊。而这座妃园寝的厢房则设有前廊，超越了标准规制的妃园寝。

（三）标准妃园寝不建东、西配殿，而这座妃园寝建了东、西配殿，并且都是面阔五间，比昌西陵、慕陵、慕东陵的三间配殿规模还大。据查，在妃园寝中建有配殿的，只有乾隆帝的裕陵妃园寝。

值得注意的是，目前并不清楚在园寝建配殿的使用功能，尤其是西配殿是否也是喇嘛念经的地方。

（四）享殿月台前设丹陛石一块，上面雕刻"丹凤朝阳"的图案，一只展翅欲飞的凤凰面朝右侧（西面）亭立于山石之上，嘴衔瑞草灵芝，仰视高天旭日，上有彩云缭绕，下有海水江崖，腿部透雕，刻工精细，栩栩如生，称得上是一件石雕佳作。由于妃园寝并无设丹陛石之例，故此景陵皇贵妃园寝中设丹陛石，在清朝仅此一例。

景陵皇贵妃园寝享殿丹陛石

（五）标准妃园寝的宝顶建在长方形的砖石月台上，不建方城、明楼，而这座妃园寝却建了两座方城、明楼以及宝城、马道、宝顶，虽然明楼建筑为单檐歇山式，因妃园寝没有悬挂匾额的先例，故此明楼上没有悬挂匾额，但这是除了帝、后陵才有的建筑。又因为即使是仿照此园寝规制而建的裕陵妃园寝，也只有一个方城、明楼，并且还建有其他妃嫔的宝顶。所以在一座园寝内建两座方城、明楼和宝顶，这在清朝妃园寝中是独

景陵皇贵妃园寝悫惠皇贵妃明楼东北面

景陵皇贵妃园寝享殿神龛石座

一无二的。

最后，笔者强调的是，尽管这座皇贵妃园寝规制最高，也只是妃园寝，因为它的建筑规制毕竟低于皇后陵，而且其建筑所采用的颜色也是绿琉璃瓦、灰布瓦和红墙，而在清朝陵寝类型中，只有帝陵、后陵和妃园寝三种，并没有皇贵妃园寝这一类型，因此，景陵皇贵妃园寝只是属于高规格的特例妃园寝。

二、两个民间传说

众所周知，清朝皇帝的后妃，除了皇后因为死于皇帝入葬之后可以单独营建陵寝外，皇贵妃死后没有单独建园寝的先例。

那既然如此，为什么康熙帝会有两座妃园寝呢？难道是因为景陵妃园寝没有地方葬这两位皇贵妃了吗？答案是否定的，景陵妃园寝内可以建宝顶的地方还是有的。那又是什么原因令这两位皇贵妃能享受单独建园寝这么高规格的特殊待遇呢？

对于这座皇贵妃园寝出现的原因，在清东陵民间流传着这样两个传说：

传说一：这两个妃子是一对孪生姐妹，她们不仅容貌相同，天姿国色，艳丽动人，而且还精通翰墨，武艺高强，这一对文武全才的美妙佳人，深得康熙帝的格外宠爱，多次陪康熙帝御驾亲征，行围打猎。可无奈好景不长，红颜薄命，姐妹二人双双病逝，康熙帝痛断肝肠，为表示哀恋之情，特地为她俩单独修建了园寝。

传说二：这两个妃子是康熙帝的亲姐姐，天生的花容月貌，冰肌玉肤，后宫佳丽在她俩面前黯然失色。康熙帝深深地爱上了两个姐姐，不顾伦理，强纳为妃。两个姐姐死后，皇帝为尽夫妻之情、姐弟之义，才单独建了园寝。对于此事，民间盛传着一首诗：

> 头戴飞禽羽，身穿走兽衣。
> 父子不同姓，姐弟配夫妻。

景陵皇贵妃园寝鸟瞰

在清朝，后妃们在生前享受着不同位号所带来的政治地位和生活待遇，她们死后也能得到与之身份、地位相符合的丧葬仪礼和墓穴规格，因此在清朝陵寝中，只要能看到所葬后妃的陵寝规制和地宫规制，就可以基本知道她们生前的地位。清朝妃园寝地宫大约可分皇贵妃型（超规格妃型，地下建筑与妃型地宫差别很小）、妃型（包括皇贵妃、贵妃）、嫔型（包括贵人）、常在型（包括答应）五种。这五种地宫又以两种方式体现等级的差距：

（一）地下建筑。这种方式主要以地宫券座的形式，以及构造层次多少、尺度大小、材质优劣、装修繁简等方面的不同而表现出等级的差异。

（二）地面建筑。在地宫外部，可以通过对方城、明楼以及宝顶等地面建筑的设立，以及建筑形式和规模大小来区别尊卑高下。

因此，正确认识陵寝规制和地宫规制也是识别墓主人身份、地位的最简单有效的一种方法。

通过景陵皇贵妃园寝的规制可以断定，葬在这里面的悫惠皇贵妃和惇怡皇贵妃，她们生前绝对是非同凡响的两个重量级人物。那么，她们在档案中又是如何被记载的呢？

档案一：悫惠皇贵妃，佟氏，后称佟佳氏，原为汉军旗，后来抬入满洲镶黄旗，是领侍卫内大臣、承恩公国舅佟国维之女，孝懿仁皇后之妹，是康熙帝的表妹，又是小姨子。她出生于康熙七年（1668）八月，康熙三十九年（1700）十二月册封为贵妃。雍正二年（1724）六月，雍正帝晋尊其为皇考皇贵妃。乾隆元年（1736）十一月初三日，晋尊为寿祺皇贵太妃，乾隆二年（1737）八月，寿祺皇贵太妃七十大寿，为表示祝贺，乾隆帝作《恭祝寿祺皇贵太妃七旬大庆》七律一首：

碧空爽度绛云飞，寿域宏开恰古稀。

庆衍三朝推淑范，惠敷六列式清徽。

露珠凝掌琼膏溢，月镜澄宵瑞霭霏。

福祉繁增天共远，称觞岁岁启彤闱。

乾隆八年（1743）三月，乾隆帝亲自到畅春园瑞景轩探望寿祺皇贵太妃病情，四月初一日寿祺皇贵太妃病死，享年七十六岁。礼部在拟定的丧仪奏疏中，请皇帝辍朝五日，乾隆帝改为十日。不仅如此，乾隆帝还打算穿孝，乾隆帝谕：

太皇太妃溘然长逝，朕心不胜悲伤。但太妃系皇贵妃，国家典礼，不便加上谥号。朕躬意欲持服，以稍展哀敬之心，其应行与否，著现在此处王大臣等即行议奏。

乾隆帝的这种想法，很快遭到了反对，庄亲王允禄等将会议的结果上奏：

太皇太妃薨逝，奉特旨辍朝十日，又命相度地方，另建园寝，皆有加于皇贵妃定制，已足以昭皇上追慕之诚而妥太皇太妃之灵矣。乞免持服。

对允禄等的回奏，乾隆帝并不认可：

王大臣所奏已悉。朕欲尽心之处，仍当请旨于皇太后。

在寿祺皇贵妃死后第二天即四月初二日，乾隆帝冠摘缨纬，亲诣寿祺皇贵太妃宫致祭，为表达哀悼之情，作《寿祺皇贵太妃挽辞》一首：

吁嘻！尘世间流光一何疾！
太妃享遐龄（时寿七十有六），亦复返天一。
陈觞奠酒浆，泪自痛肠出。
言念培育恩，余哀曷有极。
曩余侍圣祖，孙行特蒙宠。
承命煦妪余，太妃恩实重。
孝养已无方，懿范获承奉。
朝来观素幔，洒焉涕如涌。
如涌涕难收，纷焉增百忧。
忆余龆龄时，惟知梨栗求。
太妃喜余敏，余疾太妃愁。
淑灵侍皇祖，物化天同游。

因寿祺皇贵太妃事出，此十日不赏额食。金棺暂安于京师北郊的曹八里屯殡宫。五月谥为悫惠皇贵妃。乾隆八年（1743）十二月十一日辰时葬于景陵皇贵妃园寝东宝顶下地宫。

档案二： 惇怡皇贵妃，瓜尔佳氏，生于康熙二十二年（1683）十月十六日，三品协领祜满之女。康熙三十九年（1700）十二月册封为和嫔。康熙四十年（1701）十月十八日巳时，生皇十八女，早殇。康熙五十七年（1718）十二月晋封为和妃。雍正二年（1718）六月初十日，晋尊为皇考贵妃。乾隆元年（1736）十一月初三日，乾隆帝晋尊其为温惠贵太妃。乾隆八年（1743）七月初五日，乾隆帝手谕：

> 温惠贵太妃侍奉皇祖多年，淑慎素著，朕幼年蒙皇祖养育宫中，贵太妃时加抚视，今欲晋封皇贵太妃，以申敬礼之意，奏闻皇太后，钦奉懿旨欣允，所有应行典礼著该部察例具奏。

乾隆八年（1743）十一月二十七日，乾隆帝在宁寿宫举行隆重册封礼，尊温惠贵太妃为温惠皇贵太妃。乾隆十七年（1752）十月十六日，温惠皇贵太妃七旬寿辰，乾隆二十七年（1762）温惠皇贵太妃八旬寿辰，乾隆帝均为其庆贺生辰。乾隆三十三年（1768）三月十四日病死于宁寿宫，享年八十六岁。其金棺最初停在吉安所（今北京景山公园外东北角），三月十八日温惠皇贵太妃金棺从吉安所奉移京北郊的曹八里屯殡宫暂安。在内阁拟定的谥号中，乾隆帝圈定"惇怡"二字，并于乾隆三十三年（1768）五月十七日辰时举行赠谥礼，谥曰"惇怡皇贵妃"。乾隆三十三年（1768）十月初四日，其金棺自京西田村殡宫移送妃园寝。乾隆三十三年（1768）十月十二日辰时，葬景陵皇贵妃园寝西宝顶下的地宫。

由于这两个皇贵妃有名有姓，其生前的身份档案中也有详细记载，因此说这两个皇贵妃既不是亲姐妹，也不是传说中康熙帝的两个姐姐，她们只是康熙帝的两个皇贵妃，两妃之死相距二十五年。景陵皇贵妃园寝是乾隆帝建的，由于园寝的两座方城明楼建造得一模一样，像一对绿衣婆婆的孪生姐妹，双双耸立于明媚的青山绿树间，故此在民间就出现了一些捕风捉影的传闻，但那些都只是不可信的故事而已。

三、建陵为"报恩"

既然景陵皇贵妃园寝并非是康熙帝所建，那么乾隆帝为什么要给康熙帝的这两个皇贵妃建园寝呢？

对于这个疑问，从乾隆帝的一道谕旨里面可以找到答案。

乾隆二年（1737）五月二十日，乾隆帝降下一道谕旨：

> 朕自幼龄仰蒙皇祖慈爱，抚育宫中。又命太妃皇贵妃、太妃贵妃提携看视。两太妃仰体皇祖圣心，恩勤备极周至，朕心感念不忘，意欲为两太妃千秋之后另建园寝，令王大臣稽查旧例。

在这道谕旨里，乾隆帝的意思是说，他小的时候受康熙帝喜爱而抚养在皇宫中，康熙帝令两妃照顾，两妃照顾他尽心尽力，他记忆深刻，报答抚育之恩，打算为这两太妃另建园寝，因此令大臣查找历史上是否有单独建园寝的例子。

康熙帝为什么要将弘历收养宫中呢？

原来，幼年的弘历深得皇爷爷康熙帝的喜爱。康熙六十一年（1722）三月，当时还是雍亲王的雍正帝请康熙帝到自己的花园圆明园牡丹台即后来的"镂云开月"观赏牡丹，雍亲王随即将自己的儿子弘历引见给康熙帝，年近七十的康熙帝初见自己的

583 乾隆二年五月二十日总理事务王大臣奉

上谕朕自幼龄仰蒙皇祖慈爱抚育宫中又命太妃皇贵妃太妃贵妃提携省视而太妃仰体皇祖圣心恩勤备极周至朕心感念不忘意欲为两太妃千秋之后另建园寝令王大臣稽查旧例如王大臣奏请古有另建园寝之制令若举行于典礼无协朕意闻谕旨允行可传谕该部于景陵精选后附近之处敬谨相度择地营造其规制稍加展拓以昭朕敬礼之意钦此

乾隆帝特下旨为寿祺皇贵太妃、温惠皇贵太妃单独建造高规格的妃园寝

一个皇孙竟然这般伶俐，十分称心喜爱，然而更没想到弘历这个皇孙不但能背诵周敦颐的《爱莲说》，还能流利通俗地讲解其文意，因此康熙帝倍加赞赏，于是决定带弘历入皇宫读书深造。由于弘历还年幼，需要有人照顾饮食起居，于是令自己的两个妃子——当时还是贵妃的佟佳氏和当时是和妃的瓜尔佳氏两人共同抚养。由于两人都没有子女，又是皇帝交代的任务，于是女性固有的母爱都倾注在了弘历身上，将弘历照顾得无微不至。作为半大孩子的弘历，离开父母，锦衣玉食无法替代人类固有的天性，但女人慈母般的爱心是可以缓解思亲之情的，于是撒娇和依附都在两个妃子那里得到了充分满足。因此，当上了皇帝的弘历为了报答两位妃子的抚育之恩，这才决定特意为她俩单独建高规格的园寝。

当王公大臣接到乾隆帝的这道谕旨后，察言观色的他们自然立刻就明白了乾隆帝的真实目的，心里清楚乾隆帝所谓"稽查旧例"无非是走走形式，无非是找出个合理的借口而想为两位太妃另建园寝，于是王大臣根据旧典进行一番引经据典讨论之后奏称：

> 古有另建园寝之制，今若举行，于典礼允协。

看到王大臣这么体谅自己的本意，称古代有另建园寝的事例，乾隆帝自然很是开心。他又将此事奏明自己的生母皇太后即雍正帝的孝圣宪皇后，也取得了皇太后的支持，随后，乾隆帝又降下一道这样的谕旨：

> 朕奏闻皇太后，钦奉懿旨允行，可传谕该部，于景陵稍后附
> 近处敬谨相度，择地营造。其规制稍加展拓，以昭朕敬礼之意。

为了办好这件大事，乾隆帝派出了精通风水的王公大臣——正在东陵主持陵工的淳郡王弘璟、工部右侍郎柏修，令他们带领精通风水的钦天监监副李廷耀及管志宁等相度两位太妃的妃园寝福地。

根据定制，妃园寝只能在本朝皇帝陵寝附近选择。

然而，凡景陵附近稍后之处"通体系属禁垣，龙蟠虎踞之间"，居然没有合适的福地。但皇命难违，只得硬着头皮实地反复察看。功夫不负有心人，他们最终发现在景陵妃园寝的东面、姚家坡以西被称为"七棵树"的这个地方秀气怡人，是一块上吉之地。风水大师李廷耀在呈给皇帝的"风水说帖"中这样写道：

> 姚家坡之西，七棵树地方，龙分天皇之秀，穴应中数之尊。台星北峙，天马南骧。罗城重环，坤峰特峙。开千秋之寿域，结并美之佳城。天献真龙，人符瑞脉。亥龙右旋，丙水左转。做子山午向，庚子庚午分金。金羊癸甲为体，丙火衰去为用。敬安两位甚属合宜。

当淳郡王弘璟、工部右侍郎柏修把选址情况以及李廷耀的"风水说帖"上奏给乾隆帝后，乾隆帝非常满意，批准在七棵树这个地方建园寝，并命淳郡王等人设计园寝规制。

由于早先乾隆帝在谕旨中曾提到"其规制稍加展拓，以昭朕敬礼之意"这句话，于是淳郡王等人就在景陵妃园寝规制的基础上，添加配殿、丹陛石、方城、明楼、宝城、马道等建筑，开始设计景陵皇贵妃园寝规制方案。

乾隆二年（1737）七月下旬，乾隆帝看过淳郡王上奏的奏折后，对于园寝规制做出了修改意见，他谕总理事务王大臣：

> 淳郡王等所奏太妃园寝规制，朕已览悉，著照所奏行。向来妃园寝之例，俱用月台。今修建太妃园寝，著仿照方城式样，上建碑楼，其规模酌量简小，用绿色琉璃瓦料。

为妃园寝建明楼，景陵皇贵妃园寝属于首例。由于明楼是帝、后陵才有的建筑，其里面设有一统朱砂碑，明楼外檐上还悬挂一块题有陵名的斗匾。而妃园寝历来没有挂匾额的先例，故此为了与帝、后陵明楼有区别，不仅瓦顶改用绿琉璃瓦，其建筑也由重檐歇山顶改为单檐歇山顶，规模也缩小外，剩下的就是在明楼上也不悬挂匾额，在明楼内立有一统朱砂碑，其碑身也只镌刻满、汉两种文字。

景陵皇贵妃园寝明楼朱砂碑的镌刻是在墓主人入葬前开始的，在清宫档案中有这样一段记载：

> 乾隆八年，悫惠皇贵妃奉安时，经礼部奏明，于明楼碑额上镌刻"大清"字样，碑身正中镌刻"悫惠皇贵妃园寝"字样，交与内阁兼写清汉，移送工程处，镌刻等因在案。今惇怡皇贵妃金棺奉移园寝内，永远奉安，所有明楼上石碑，应照例于碑额上镌刻"大清"字样，碑身正中镌刻"惇怡皇贵妃园寝"字样。俟命下之日，交与内阁，敬谨兼写清汉，移送工部镌刻。为此谨奏请旨。

值得注意的是，虽然大多数研究者认为乾隆帝给康熙帝的两个皇贵妃建园寝是为了报抚养之恩，但也有人认为，这种说法只是一种借口，其真实目的则是——变相为雍正帝篡位说平反。其解释为：雍正帝的即位是否合法，在他登基之初就在社会上遭到质疑，并且传闻多多，以至于有人利用此事进行反清复明颠覆大清国政权活动，为了巩固自己的政权，雍正帝除了用铁的手腕严厉打击外，还采取了另外一种特殊的怀柔手段，于是在他的授意下，《大义觉迷录》于雍正七年（1729）九月刊发全国。《大义觉迷录》是因曾静反清案才成此书，内收有雍正帝的十道上谕、审讯词和曾静口供四十七篇、张熙等口供两篇，后附曾静《归仁说》一篇。但其核心内容是提出并解决了雍正帝非常关心的两个重要问题：

（一）大清入主中原，统治国家，是否是正统之道。

（二）雍正帝到底是不是一个好皇帝。

雍正帝出书为自己辩解这件事情，他的儿子乾隆帝对此并不认可。在雍正帝死后乾隆帝即位的一个多月，乾隆帝就下令逮捕雍正帝已赦免的曾静、张熙，并于十二月将二人解送至京凌迟处死。还下诏禁毁《大义觉迷录》，已颁行者严令收回，有敢私藏者罪之。于是《大义觉迷录》在其后一百余年中都属于禁书，极少流传。

《大义觉迷录》虽然被收回禁毁了，但社会上对雍正帝的皇位继承的质疑并没有销声匿迹，为了给雍正帝即位合理找一个借口，于是乾隆帝决定用自己的办法支持雍正帝合法继位说。如何才能说明雍正帝是合法继承者呢？那就只有证明康熙帝生前的本意就是死后传位给雍正帝。那又怎么才能证明康熙帝的本意就是传位给雍正帝呢？因为皇位继承只能是父传子，那皇位如果要想爷爷传孙子，就只能先传给孙子的父亲，然后由孙子的父亲再传自己喜欢的孙子这条道路。因为康熙帝最喜欢雍正帝的儿子弘历，并因此将孙子接入皇宫中抚养，还特意指令一个贵妃和一个妃子照顾，这本身就是一个最好的说明，即康熙帝想传位给这个叫弘历的皇孙，而那一年又正好是康熙帝生命的最后一年。乾隆帝为了把康熙帝特别喜欢自己的这件事宣扬一下，就以自己幼年受到两个皇太妃照顾为名，为她们特意建园寝，借此机会暗示世人——雍正帝的皇位是因为康熙帝想传位给弘历而只能先给弘历的父亲，只有这样才能证明雍正帝的皇位也是合法的。

笔者对以上的说法，持保留意见。因为笔者认为，乾隆帝真想证明雍正帝的即位合法与否，其做法就应该像禁毁《大义觉迷录》那样，什么也不去解释和证明，让世人在时间中慢慢淡忘已经过去的雍正朝，并永远不再提及往事，这才是一个有眼光的伟大政治家应该做的事情，而不是为了证明一个已经过去的事情去建什么园寝，念念不忘陈芝麻烂谷子的往事。因为笔者认为：在政治问题上，乾隆帝是理性的，他做事情不会笨到自己搬石头砸自己的脚。

对于景陵皇贵妃园寝的建立，笔者认为，虽然不排除乾隆帝为报恩建陵之说，但其行为和目的，更有可能是乾隆帝想自他开始设立"皇贵妃"这一级别的园寝规制。因为皇贵妃可以葬入帝陵地宫，那么作为这一介于"皇后"与"贵妃"之间的"皇贵妃"，如果因帝陵地宫的关闭没有机会从葬帝陵，如果要是葬入普通的妃园寝，又并没有因此而改变园寝的一些规制，那就会有一些降低其身份的感觉。由于清朝大多数都是后世遵循前朝规制做法，于是为了做给后人看，乾隆帝特意设计了"皇贵妃"这一位号级别的园寝规制，以期待后世照此效仿。哪怕没有单独建园寝，也要因有"皇贵妃"葬入而增加一些妃园寝的建筑规制，即凡是皇贵妃，宝顶前都应该建有方城、明楼，宝顶四周建有宝城，该妃园寝也应增建东、西配殿。也许正是出于这样的考虑，乾隆帝单独为康熙帝的两位皇贵妃营建了新园寝，由于自己的纯惠皇贵妃葬入普通妃园寝的缘故，特意增建了方城、明楼、宝城。又因曾说那拉皇后丧仪按照皇贵妃级办理，却不想为她建新地宫，于是只能打扰委屈一下纯惠皇贵妃，将她的地宫重新打开，把自己不喜欢的那拉皇后葬进去。这只是笔者的分析，具体情况，尚需继续考证。

景陵皇贵妃园寝始建于乾隆四年（1739），完工于乾隆八年（1743）。

四、神龛里的神牌

清朝制度，妃以上主位死后，在园寝享殿均有神牌之设。康熙帝的悫惠皇贵妃和惇怡皇贵妃死后，其神牌自然也要供奉在景陵皇贵妃园寝的享殿里。

享殿建有三间暖阁，中暖阁内供奉神牌二个。神龛内，香龛一座，挂有杏黄片金面、黄绢里帷幄一；柿黄宝床一张，随明黄片金刷一件；铺绿锦面、黄绢里垫子一件；上面再铺杏黄、红、绿粧缎面，黄绢里褥子三床；傍设杏黄九龙被二床，中间放杏黄两头石青红顶三厢仙枕二个；明黄云缎套的绿锦迎手四个。暖阁里神龛器物均蒙铺锦缎丝织物。像暖阁内挂明黄云缎面、黄绢里幔帐一分；铺地面高丽凉席一领，随明黄油敦布垫子一件；神龛内挂明黄云缎面、黄绢里壁衣一分；暖阁内设宝椅两张，上铺明黄粧缎面、黄绢里坐单二件，两旁设满堂红灯二盏，上罩明黄绢单套两件，暖阁内挂明黄云缎壁衣一分。神龛下是石制须弥座，神龛有门，门悬黄绫幔，门前有木制踏跺，龛内设神床，神床上设神牌。暖阁外，挂九凤朝天帐一分，前面中间设惇怡皇贵妃、悫惠皇贵妃宝座二分，宝上铺明黄粧缎面、黄绢里坐单二件，随明黄敦布坐单二件；　两分宝座前，各设脚踏一个，脚踏上罩明黄粧缎面、黄绢里垫子二件。还设大案一张，上罩明黄云缎面、黄绢里案套一件。大案前多为供奉五供器、祭器、案桌、戳灯等。据实地调查，景陵皇贵妃园寝的享殿遗址上，仅有一个神龛须弥石座。

由于景陵皇贵妃园寝只葬有两位皇贵妃，因此，享殿暖阁内也只是供奉着两个皇贵妃的神牌。对于景陵皇贵妃园寝神牌的排列位次，《陵寝易知·神牌位次》上有如下的记载：

中暖阁内供奉：

悫惠皇贵妃，（乾隆八年）四月初一日薨，于乾隆八年十二月内奉安。

惇怡皇贵妃，（乾隆三十三年）三月十四日薨，于乾隆三十三年十月奉安。

清制：神牌通体满饰金漆，由牌身和底座两部分构成，牌身为长条形，顶端略呈弧形。牌身的前面稍外凸，背面是平面。牌身正面用满、汉两种文字竖写皇帝的庙号和谥号；皇后的神牌，则无庙号，只有谥号。其中牌身上的文字，右为两行满文，左为楷体汉字一行。如乾隆帝的神牌文字为："高宗法天隆运至诚先觉体元立极敷文奋武钦明孝慈神圣纯皇帝神位"；孝庄文皇后的神牌文字为"孝庄仁宣诚宪恭懿至德纯徽翊天启圣文皇后神位"。神牌底座为近似于正方体的方礅。

    清制：坛庙、陵寝的神牌用栗木制作。入祀贤良祠、昭忠祠和专祠的大臣官员的神牌用楠木制作。入祠昭忠祠的兵丁及被旌表的八旗节妇的神牌用杉木制作。这些神牌的规格、尺寸，当时都有明确的规定。

    制作帝、后神牌的程序，大致分为四道，即制作、漆饰、书写、扫青。制作之前，先由礼、工二部向皇帝奏请此事，钦准后，行文有关部院衙门以及陵寝承办事务衙门，提前做各种准备，配合行动。一般情况下，供奉在太庙和陵寝的帝、后神牌多数在陵寝的东配殿内制作。其程序为：工部提前将神牌的规格、尺寸等经礼部转送内阁，由内阁典籍厅负责缮写满、汉文字式样。工部派有关司员工匠到陵寝东配殿，遵照钦天监择定的吉期准时兴工，由陵寝大臣在旁敬谨监视。帝后的神牌做成后要进行十五道漆饰，漆饰完毕后，神牌暂时供奉在陵寝的东配殿，派官员昼夜看守。神牌的书写和扫青，经过钦天监择吉，皇帝批准后，届时，礼部、工部堂官各一员带领书写满字内阁中书一员、书汉字翰林官一员前往书写、扫青。同时奏派大学士一员身穿朝服，到神牌前上香，行三跪九叩头礼。扫青，又称填青，就是将字刷上胶油之类，然后将青色粉末敷在上面的一种工艺。值得注意的是，在书写神牌时，神牌上的"神位"两字中的"神"字的最后一笔竖是不写的，留着点主时由点主大臣补写，即常说的"点神主"。书写、扫青毕，大学士再一次到神牌前行三跪九叩头礼，退。陵寝大臣到神牌前行一跪三叩头礼后，将神牌放回原处，复行礼，退出。陵寝官员每日焚香点灯守视。至此，神牌基本制作完毕。

    凡是在陵寝东配殿制作的皇帝和皇后的神牌，都是一式两件。点主时只给帝、后神牌各"点主"一件。"点主"神牌抬回京师，升祔太庙。未"点主"神牌供奉到陵寝的隆恩殿。也就是说，凡是太庙里供奉的神牌都是"点主"的，陵寝供奉的神牌都未"点主"。

    制作皇贵妃神牌，"理应于奉移前期工竣，即令恭送金棺之大臣，行礼监视刻字填青，以免迟缓"。据记载，悫惠皇贵妃神牌是在孝陵更衣殿制作（笔者估计，当时的配殿工程尚未完工）；悼怡皇贵妃神牌是在园寝内配殿制作。惇怡皇贵妃神牌制作完工于乾隆三十三年（1768）十月二十八日前，同年十一月初二日巳时刻字，申时填青。

由此可见，神牌的制作地点，并非都是在本陵寝制作的。

五、发现这样一份"礼"单

在民间，人死之后，不仅要为其摆设祭品，还会为其焚烧一些他（她）生前使用及喜爱的物品，供其在阴间继续使用，谓之"烧饭"，又称"送褡裢"。对此，《黑龙江外记》上有这样的记载："人死三日，既薄暮，其子以纸囊盛纸钱负入土地祠，即神前曳囊三匝，觉重，曰亡者收去，出而焚之，谓之送褡裢。"在清朝，皇家的此类活动则称之为小丢纸、大丢纸。第一次焚烧物品，称"小丢纸"；第二次焚烧，称"大丢纸"。

惇怡皇贵妃死后，在她入葬地宫的当天，在景陵皇贵妃园寝为她举行了"大丢纸"，并将她使用过的仪仗车轿也废弃，任其自行朽烂。

乾隆三十三年（1768）十月十二日，当惇怡皇贵妃葬入景陵皇贵妃园寝后，即入葬的当天，除了一些生前使用过的物品被焚毁，还有一些车、轿等仪仗交给陵寝内务府管理，任其自行朽烂。

（一）焚毁的物品有：

> 拂尘一对，上有金凤头二、尾二；金大瓶一件，七成金，重一百七十六两；金小瓶一件七成金，重一百四十七两；金香盒一件七成金，重四十两；金水碗一件七成金，重五十二两；金盆一件七成金，重一百四十六两；金提炉一件七成金，重四十六两，内六成金炉屉一个，重一两一钱；交椅一张背靠正副面有铜镀金云龙六块；马几一个上嵌铜镀金角云雾块；旌节一对内铜宝盖二个；铜镀金伞顶十一个；银镀金扇叶四十块。

据统计，这些物品中，仅黄金就有六百多两。

（二）令自行朽烂的车、轿有：

　　八人凤轿一乘内金顶一个，六点五成金，重三十八两四钱；金凤十只其中大凤四只，六点五色金，重二十六两七钱；小凤六只，六点五色金，重三十一两二钱；银锁十九挂；轿顶押边铜镀金条一分；老杆、横杆、请杆上，铜镀金管头十六个；八人缎轿一乘内铜镀金顶一个；银锁十四挂；老杆、横杆、请杆上，铜镀金管头十六个；车一辆内金顶一个，六点五色金，重三十八两四钱。车辕前后管头，并周身什件为铁锊银；车鞍一副。

　　负责恭送这些物品和仪仗的銮仪卫开列其中能够回收金银铜铁物件的详单，然后由内务府负责派员带领匠役按详单回收。
　　在清朝，贵人死后奉安前，也有此类仪式。

附

录

附录1

康熙帝遗诏

　　从来帝王之治天下，未尝不以敬天法祖为首务。敬天法祖之实，在柔远能迩、休养苍生，共四海之利为利、一天下之心为心，保邦于未危，致治于未乱，夙夜孜孜，寤寐不遑，为久远之国计，庶乎近之。

　　今朕年届七旬，在位六十一年，实赖天地宗社之默佑，非朕凉德之所致也。历观史册，自黄帝甲子，迄今四千三百五十余年，共三百一帝。如朕在位之久者甚少。朕临御至二十年时，不敢逆料至三十年。三十年时，不敢逆料至四十年，今已六十一年矣！《尚书·洪范》所载："一曰寿，二曰富，三曰康宁，四曰攸好德，五曰考终命。""五福"以"考终命"列于第五者，诚以其难得故也。今朕年已登耆，富有四海，子孙百五十余人，天下安乐，朕之福亦云厚矣！即或有不虞，心亦泰然。念自御极以来，虽不敢自谓能移风易俗、家给人足，上拟三代明圣之主，而欲致海宇升平，人民乐业，孜孜汲汲，小心敬慎，夙夜不遑，未尝少懈。数十年来，殚心竭力，有如一日，此岂仅"劳苦"二字所能该括耶？前代帝王或享年不永，史论概以为酒色所致，此皆书生好为讥评，虽纯全净美之君，亦必抉摘瑕疵。朕今为前代帝王剖白言之：盖由天下事繁，不胜劳惫之所致也。诸葛亮云："鞠躬尽瘁，死而后已。"为人臣者，惟诸葛亮能如此耳！若帝王仔肩甚重，无可旁诿，岂臣下所可以比拟？臣下可仕则仕，可止则止，年老致政而归，抱子弄孙，犹得优游自适。为君者勤劬一生，了无休息之日。如舜虽称无为而治，然身殁于苍梧，禹乘四载，胼手胝足，终于会稽，似此皆勤劳政事、巡行周历，不遑宁处，岂可谓之崇尚无为、清静自持乎！《易·遁卦》六爻，未尝言及人主之事。可见人主原无宴息之地，可以退藏。鞠躬尽瘁，诚谓此也。

自古得天下之正，莫如我朝。太祖、太宗初无取天下之心，尝兵及京城，诸大臣咸云当取，太宗皇帝曰："明与我国，素非和好，今欲取之甚易，但念系中国之主，不忍取也。"后流贼李自成攻破京城，崇祯自缢，臣民相率来迎，乃剪灭闯寇，入承大统，稽查典礼，安葬崇祯。昔汉高祖系泗上亭长，明太祖一皇觉寺僧，项羽起兵攻秦，而天下卒归于汉；元末陈友谅等蜂起，而天下卒归于明。我朝承席先烈，应天顺人，抚有区宇，以此见乱臣贼子，无非为真主驱除也。

凡帝王自有天命，应享寿考者，不能使之不享寿考；应享太平者，不能使之不享太平。朕自幼读书，于古今道理，粗能通晓。又年力盛时，能弯十五力弓，发十三把箭，用兵临戎之事，皆所优为。然平生未尝妄杀一人。平定三藩，扫清漠北，皆出一心运筹。户部帑金，非用师赈饥，未敢妄费，谓皆小民脂膏故也！所有巡狩行宫，不施采绘，每处所费，不过一二万金，较之河工岁费三百余万，尚不及百分之一。昔梁武帝亦创业英雄，后至耄年，为侯景所逼，遂有台城之祸；隋文帝亦开创之主，不能预知其子炀帝之恶，卒至不克令终，皆由辨之不早也。朕之子孙，百有余人，朕年已七十，诸王、大臣、官员、军民，以及蒙古人等，无不爱惜。朕年迈之人，今虽以寿终，朕亦愉悦。至太祖皇帝之子礼亲王、饶余王之子孙，现今俱各安全。朕身后，尔等若能协心保全，朕亦欣然安逝。

雍亲王皇四子胤禛，人品贵重，深肖朕躬，必能克承大统。著继朕登基，即皇帝位。即遵典制，持服二十七日释服。布告天下，咸使闻知。

康熙六十一年十一月十三日

附录2

康熙帝上谕

康熙五十六年十一月二十一日

朕少时，天禀甚壮，从未知有疾病。今春始患头晕，渐觉消瘦。至秋月塞外行围，蒙古地方水土甚佳，精神日健，颜貌加丰，每日骑射亦不觉疲倦。回京之后，因皇太后违和，心神忧瘁，头晕频发。有朕平日所欲言者，今特召尔等面谕：

从来帝王之治天下，未尝不以敬天法祖为首务。敬天法祖之实，在柔远能迩、休养苍生，公四海之利为利，一天下之心为心，体群臣，子庶民，保邦于未危，致治于未乱。夙夜孜孜，寤寐不遑，宽严相济，经权互用，以图国家久远之计而已。自古得天下之正，莫如我朝。太祖、太宗初无取天下之心，尝兵及京城，诸大臣咸奏云"当取"，太宗皇帝曰："明与我国素非和好，今取之甚易，但念中国之主不忍取也。"后流贼李自成攻破京城，崇祯自缢，臣民相率来迎，乃剪灭闯寇，入承大统。昔项羽起兵攻秦，后天下卒归于汉。其初，汉高祖一泗上亭长耳。元末，陈友谅等并起，后天下卒归于明。其初，明太祖一皇觉寺僧耳。我朝承席先烈，应天顺人，抚有区宇，以此见乱臣贼子，无非为真主驱除耳。

今朕年将七旬，在位五十余年者，实赖天地宗社之默佑，非予凉德之所致也。朕自幼读书，于古今道理粗能通晓。凡帝王自有天命，应享寿考者，不能使之不享寿考；应享太平者，不能使之不享太平。自黄帝甲子至今，四千三百五十余年，称帝者三百有余；但秦火以前三代之事，不可全信。始皇元年至今，一千九百六十余年，称帝而有年号者，二百一十有一。朕何人斯，自秦汉以下在位久者，朕为之首。古人以下矜不伐，知足知止者，为能保始终。览三代而后，帝王践祚久者，不能遗令闻于后世。寿命不长者，罔知四海之疾苦。朕已老矣，在位久矣，未卜后人之议论如何，而且以目前之事，不得不痛哭流涕，豫先随笔自记，而犹恐天下不知吾之苦衷也。

自昔帝王，多以死为忌讳。每观其遗诏，殊非帝王语气，并非中心之所欲言，此皆昏瞀之际，觅文臣任意撰拟者。朕则不然，今豫使尔等知朕之血诚耳。当日临御至二十年，不敢逆料至三十年，三十年不敢逆料至四十年，今已五十七年矣。《尚书·洪范》所载："一曰寿，二曰富，三曰康宁，四曰攸好德，五曰考终命。""五福"以"考终命"列于第五者，诚以其难得故也。今朕年将七十，子、孙、曾孙百五十余人，天下粗安，四海承平，虽不能移风易俗，家给人足，但孜孜汲汲，小心敬慎，夙夜不遑，未尝少懈。数十年来，殚心竭力，有如一日，此岂仅"劳苦"二字所能该括耶！前代帝王，或享年不永，史论概以为"侈然自放，耽于酒色"所致。此皆书生好为讥评，虽纯全尽美之君，亦必抉摘瑕疵。朕为前代帝王剖白：盖由天下事繁，不胜劳惫之所致也。诸葛亮云："鞠躬尽瘁，死而后已。"为人臣者，惟诸葛亮一人耳！若帝王仔肩甚重，无可旁诿，岂臣下所可比拟！臣下可仕则仕，可止则止，年老致政而归，抱子弄孙，犹得优游自适。为君，勤劬一生，了无休息。如舜虽称无为而治，然身殁于苍梧；禹乘四载，胼手胝足，终于会稽。似此皆勤劳政事，巡行周历，不遑宁处，岂可谓之崇尚无为、清静自持乎！《易·遁卦》六爻，未尝言及人主之事，可见人主原无宴息之地，可以退藏，鞠躬尽瘁，诚谓此也。昔人每云："帝王当举大纲，不必兼总细务。"朕心窃不谓然，一事不谨，即贻四海之忧；一时不谨，即贻千百世之患。不矜细行，终累大德。故朕每事必加详慎，即如今日留一二事未理，明日即多一二事矣！若明日再务安闲，则后日愈多壅积，万几至重，诚难稽延。故朕莅政，无论钜细，即奏章内有一字之讹，必为改定发出。盖事不敢忽，天性然也。五十余年，每多先事绸缪；四海兆人，亦皆戴朕德意。岂可执"不必兼总细务"之言乎！

朕自幼强健，筋力颇佳，能挽十五力弓，发十三握箭，用兵临戎之事，皆所优为。然平生未尝妄杀一人，平定三藩，扫清漠北，皆出一心运筹。户部帑金，非用师赈饥，未敢妄费，谓此皆小民脂膏故也。所有巡狩行宫，不施采缋，每处所费，不过一二万金，较之河工岁费三百余万，尚不及百分之一。幼龄读书，即知酒色之可戒，小人之宜防，所以至老无恙。自康熙四十七年大病之后，过伤心神，渐不及往时。况日有万几，皆由裁夺，每觉精神日逐于外，心血时耗于内，恐前途倘有一时不讳，不能一言，则吾之衷曲未吐，岂不可惜！故豫于明爽之际，一一言之，可以尽一生之事，岂不快哉！

人之有生，必有死。如朱子之言："天地循环之理，如昼如夜。"孔子云："居易以俟命。"皆圣贤之大道，何足惧乎？近日多病，心神恍惚，身体虚惫，动转非人扶掖，步履难行。当年立心以天下为己任、许死而后已之志。今朕躬抱病，怔忡健忘，故深惧颠倒是非，万几错乱。心为天下尽其血，神为四海散其形。既神不守舍，心失怡养，目不辨远近，耳不分是非，食少事多，岂能久存？况承平日久，人心懈怠，福尽祸至，泰去否来，元首丛脞，而股肱惰，至于万事隳坏，而后必然招天灾人害，杂然并至。虽心有余而精神不逮，悔过无及，振作不起，呻吟床榻，死不瞑目，岂不痛恨于未死？昔梁武帝亦创业英雄，后至耄年，为侯景所逼，遂有台城之祸；隋文帝亦开创之主，不能豫知其子炀帝之恶，卒致不克令终。又如丹毒自杀，服食吞饼，宋祖之遥见烛影之类，种种所载疑案，岂非前辙？皆由辨之不早，而且无益于国计民生。汉高祖传遗命于吕后，唐太宗定储位于长孙无忌。朕每览此，深为耻之。或有小人，希图仓卒之际，废立可以自专，推戴一人，以期后福。朕一息尚存，岂肯容此辈乎！

朕之生也，并无灵异；及其长也，亦无非常。八龄践祚，迄今五十七年，从不许人言祯符瑞应，如史册所载景星、庆云、麟凤、芝草之贺，及焚珠玉于殿前，天书降于承天，此皆虚文，朕所不敢。惟日用平常，以实心行实政而已。今臣邻奏请立储分理，此乃虑朕有猝然之变耳。死生常理，朕所不讳。惟是天下大权，当统于一。十年以来，朕将所行之事，所存之心，俱书写封固，仍未告竣。立储大事，朕岂忘耶？天下神器至重，倘得释此负荷，优游安适，无一事婴心，便可望加增年岁。诸臣受朕深恩，何道俾朕得此息肩之日也。朕今气血耗减，勉强支持。脱有误万几，则从前五十七年之忧勤，岂不可惜！朕之苦衷血诚，一至如此。每览老臣奏疏乞休，未尝不为流涕。尔等有退休之时，朕何地可休息耶？但得数旬之怡养，保全考终之死生，朕之欣喜，岂可言罄？从此岁月悠久，或得如宋高宗之年，未可知也。朕年五十七岁，方有白发数茎，有以乌须药进者，朕笑却之曰："古来白须皇帝有几，朕若须须皓然，岂不为万世之美谈乎！"初年同朕共事者，今并无一人。后进新升者，同寅协恭，奉公守法，皓首满朝，可谓久矣，亦知足矣。朕享天下之尊，四海之富，物无不有，事无不经。至于垂老之际，不能宽怀瞬息，故视弃天下犹敝屣，视富贵如泥沙也。倘得终于无事，朕愿已足。愿尔等大小臣邻，念朕五十余年太平天子，惓惓丁宁反复之苦衷，则吾之有生考终之事毕矣。

　　此谕已备十年，若有遗诏，无非此言。披肝露胆，罄尽五内，朕言不再。

附录3

景陵圣德神功碑碑文

作者按： 历来档案文字都是研究朝代的政治、经济、军事和社会的重要史料。而陵寝所立的功德神碑，其碑文则是研究帝王一生政治功绩的参考史料。然而，笔者通过对陵寝的碑文研读后发现，碑文中竟然存在着一些重要的历史事件没有记载。

在孝陵的功德碑碑文中，对于追论睿亲王多尔衮之罪的事，只字未提。景陵的功德碑之中，对于鳌拜擅政之事，也是只字未提。在昌陵的功德碑文中，对于和珅的贪赃枉法、误国害民更是只字未提。铲除这些乱臣贼子，是当时的国家重大政治事件，是名副其实的先帝的伟绩神功。不知为什么在彰显先帝"圣德神功"的碑文中都缄口不言，讳莫如深，实在令人匪夷所思！

皇天眷佑我国家，显谟盛烈，世世相承。太祖、太宗肇基东土，缔构鸿图。世祖混一寰瀛，克成骏业。笃生我皇考皇帝，禀神圣之姿，立君师之极，大德广运，健行不息，至明如日，至仁如天，集皇王之大成，亘古今而首出，书契以来，罕有伦比，以扬列圣之耿光，以裕我无疆大历服。予小子缵承基绪，既奉册宝恭上尊谥。惟山陵礼毕，宜建穹碑，颂扬功德。钦惟我皇考临御六十余年，厚德崇功，布濩宇宙，盈溢简牒，巍巍乎，荡荡乎，不可殚述。谨掇大概，镌勒贞珉，用昭垂于亿万祀。叙曰：

圣祖合天弘运文武睿哲恭俭宽裕孝敬诚信功德大成仁皇帝，讳玄烨，世祖体天隆运定统建极英睿钦文大德弘功至仁纯孝章皇帝第三子也。母孝康慈和庄懿恭惠温穆崇天育圣章皇后在妊时，孝庄文皇后见孝康章皇后衣裾若有龙绕，知为毓圣之祥。逮降诞之辰，异香盈室，经日不散，五色光华，与日并耀，宫人、内侍咸所瞻仰。天表奇伟，耳大声洪，双瞳日悬，隆准岳耸，肤理莹白，皎然玉质。举止严重，性度恢宏。敦敏聪明，出言中理。辛丑正月嗣登大宝，时甫八龄。孝庄文皇后问所欲，对曰："惟愿天下乂安，兆人乐业，共享太平之福。"孝庄文皇后动容嘉叹，知能荷神器为生民主也。自初读书，十行俱下，略不遗忘。讲幄既开，日与儒臣论难往复，虽烈暑沍寒，未尝暂辍。焚膏继晷，常至中宵，逊志覃思，好古敏求，勤笃甚于儒素。谈经评史，发挥道奥，流览之功，遍于七略。爰及纬象、声律算术，百家之书，莫不触类洞彻，得其精要。故知性、知天，察人伦而明庶物，虽一名一物，皆研究精微，而一以贯之。敬天尊祖，禋祀必亲，齐明盛服，率礼无愆。至年逾六十，颇艰拜起。冬至上辛祫祭，群臣恳请遣官恭代，犹必亲诣，省视陈设，行迎神之礼；退居斋幄，默致精诚，俟礼毕，然后旋辂。天性纯孝，事孝庄文皇后垂三十年，致爱尽诚，委曲周至。从幸时，乘马不离左右，遇道路少仄即下马扶辇，逾岭则扶掖升降，弥加恭谨。康熙二十六年冬，孝庄文皇后圣体不豫，皇考亲尝汤药，席地而坐，目不交睫，衣不解带者三十五昼夜。逮疾大渐，自撰祝词，步祷南郊，请减己算，以延慈寿；伏地诚恳，泗涕交颐。至居庐时，哀瘠过甚，不盥沐者数十日。释服后，仍处偏殿，衣布素。恭送龙輀，每日必步随数里，朝夕痛戚如初丧。终身思慕，每一言及，声泪俱发。事孝惠章皇后垂六十年，备极孝养。省方江南，避暑塞外，必奉銮舆以行。康熙四十九年，孝惠章皇后寿跻七旬，皇考亦年近六旬矣。正月元夕，宫中张灯设筵，躬亲起舞，称万寿觞，中外传为天家盛事。友爱裕亲王等，同问安慈宁宫，每序家人之礼，亲亲之谊，久而弥笃。其疾也，屡亲视之；其薨也，亲临之。宗室中用其才俊，而礼其高年；无爵位者亦有常廪。自康熙六年始亲政事，未明求衣，日昃忘食，数御门，延见公卿，详论得失，综理万几，日有常程，靡所稽滞。尝于巡幸之次，章奏未至，秉烛以俟，或于四鼓披览达旦，遂忘寝息。孜孜图治，不自遐逸，历六十余年，终始惟一。虚己求言，以广视听，片词之善，必蒙采录。或星象示异，水旱为沴，即命群下直陈，休咎所起，无所隐讳。又命督抚诸臣，密奏地方利弊，所宜兴罢者，虽在万里之外，周悉情状，视若目前。审官班禄，必惟其当。内自六卿之属，外自县令以上，临轩召见，观其可否，然后命之。其以清修苦节著闻者，立行甄擢，以劝有位。介胄之士，无大小必亲试其能，开霁天颜，从容询问，寸长微绩，并加奖励，人皆感激自奋。圣性天授，一经觐谒，历久不忘；故文武之选，程材使器，官得其人，人称其职。皇考智勇天锡，妙算如神，三逆未叛之前，即烛其终为悖逆，宜蚤定大计。遣大臣趣召之，吴三桂果反，耿精忠继之。乃宣睿略，简禁兵守荆州、安庆、镇江为声势，命诸王大臣为大将军，分道并进。三桂自出至衡州，湖南皆陷；王师扼之于岳州，用战舰据江湖，断贼饷道。三桂忧怖死，遂拔岳州，尽收湖南地。由陕西取汉兴，定四川，明年定贵州，又明年定云南。逆孽自焚，余党悉平。精忠兵出仙霞旁，扰温台，大兵遏之衢州，屡摧其锋；逐北入仙霞，顺流而下；精忠自缚军前，温台贼悉破散。尚之信最后反，王师北自韶州，东自潮州蹙之。之信束身乞降，其间孙延龄陆梁于桂林，王辅臣溃乱于宁羌，戈铤所指，不久就俘。当贼势之炽，大江以西，五岭以南，悉为贼踞，烽火几半海内。皇考默运神谟，不动声色，八载之间，再定寰宇，廓清氛翳。耿精忠之乱，郑经自厦门盗踞下游三府；精忠败，大兵乘胜复三府。经遁归厦门，越二年克厦门。经循归台湾，以海舟守澎湖为门户。皇考决策命帅，治艨艟，以六月乘北风攻澎湖，再战破之。台湾震詟乞降，遂以其地为郡县。海氛起于明季，自郑成功窠穴兹岛，传子经及其孙，历三世，出没为闽南患，至是悉靖。察哈尔部布尔尼者，元之遗裔，其先世纳款献传国玺，故荷特恩，尚主封王。父阿布奈渐为狂恣，皇考不忍置诸法，羁诸盛京，俾布尔尼袭封，召之不至，遂以所部叛。遣将率禁旅讨之，两月之内，歼厥渠魁，招抚其众，北藩以宁。俄罗斯夙慕德化，奉职贡。乃其边人罗刹踞雅克萨城，纳我逋逃，以扰索伦。兴师徂征，拔其城，纵其俘，振旅而还。会俄罗斯之国王遣使，上疏谢罪；命大臣往定边界，东北数千里延及海边，胥隶版图。厄鲁特者，元之牧牲人也；其头目噶尔丹，枭桀习战斗，劫服诸番，残回子数百余城；复与喀尔喀构难，潜劫其众，故喀尔喀七旗数十余万众，皆称臣内附。皇考亲巡塞外，受其朝谒，锡之名爵，颁谕两部落，息兵宁人。噶尔丹顾顽梗弗率，以追喀尔喀为名，阑入边界。皇考计安藩服，躬申天讨，以康熙三十五年春，亲统六师，由中路直抵克尔伦；料贼必逸而西；别遣大将由西路进兵图拉。噶尔丹闻天兵至，弃其辎重，连夜西奔，恰遇西师于昭木多，大破之。噶尔丹收拾余众，窜伏穷荒。其冬，车驾再出，至鄂尔多斯，遣使招附。明年春又出宁夏，循贺兰山、哈密，擒其子以献，其族类丹济拉等潜输诚款，师次狼居胥山。天兵四布，噶尔丹势孤援绝，仰药自尽。丹济拉携其遗骸及子女人口来归，朔漠荡定。其兄子策妄阿喇布坦素与噶尔丹有隙，乘其南发，潜踞其地，诱至逋逃，种类渐滋。因图青海诸部及西域诸番，暗遣人攻拉藏杀之，掠据藏地。皇考以太宗文皇帝时，班禅额尔德尼、达赖喇嘛知东土有圣人，遣使归命，追念厥诚，不可以勿救。于是分遣将帅率西宁诸路之兵自青海入，四川、云南之兵自拉里入，整旅前躯，不遗一矢，遂定藏地。复达赖喇嘛之位，安西域之众，其他西番诸国无不欣喜感戴，委贽恐后。轸念东南水患，屡勤翠华，躬视河淮；每步长堤，或驾小舟，周回观览，高下险易，瞭若指掌。授策河臣，罔不奏效。开中河以避黄河百八十里之险，治下河则疏人字芒稻河注之江；浚虾须诸沟，注之海。治清河则培高堰，塞六坝以畜其势。开张福口、裴家场以畅其流；治黄河则浚云梯关以通海口。筑挑水坝开陶庄引河以导其北向，筑减水坝，修盐河以泄其旁溢。于是淮不东漫而北敌黄。黄不南灌而东趋海。下河七州县化浸为沃，农桑遍野。漕艘商舶，上下数千里安若衽席。其在畿辅之内，则隄子牙而漳滏滹沱无泛滥，开柳岔口而卢沟不横决。皆皇考频年巡省，面授经画，用讫于成绩。勤求民瘼，凡所在旸雨之期，封疆大吏随时奏闻，偶有旱潦，无不周知，账恤之恩，不稽旬日。筹画详尽，溥遍优渥。虽有愆伏，而民忘其灾。远至蒙古诸藩，并厪睿虑，分遣使臣，教以网罟耒耜之利，俾知鲜食艰食。每闻积雪荒歉，即赐之牲畜米粮，咸获赡给。康熙三十六年，朝鲜以大饥告，截河南漕米，由登州泛海，发盛京仓储，合水陆运致数万石，平粜赐赍，凋瘵尽起，举国忭庆。蠲租之诏，无岁不下，所在灾伤，见告即与减除。积年逋负，辄免追征，积算无虑亿万计。人用底于殷阜。四十八年特敕递免天下地丁钱粮，三岁而遍，八埏之内，次第沾被，宽仁之泽，浃于黎烝。隆冬停流遣之期，盛夏解囹圄之禁；法司奏谳，多所矜释，和气熏陶，万方康泰。至于三藩之乱，所全宥不可胜纪。明降敕谕：尚之信、耿精忠罪大恶极，法应及族。但念尚可喜、耿仲明航海归诚，著有劳绩，其兄弟俱从宽免罪，属下人有父子兄弟在贼中者，一无所问。又如噶尔丹子女，赦勿诛，俾子有室，女有家，仍官其子。自秦汉以来，叛逆之条，蔓及宗室，横枉无辜。皇考弘旷荡之恩，遂除二千年诛戮惨酷之弊，慎兹祥刑。复于三代兴行教化，申之以告诫，御制训饬士子文刊于学宫，圣谕十六条颁于州县，训词深厚，丁宁周至，士习民风于焉丕变。崇敬先师，表章前贤。东巡狩至于兖州，亲诣阙里致祭孔子；拜跪之仪，有加于往代。广贤裔博士之封，宋儒周邵、二程张朱，皆称子而不名；升朱子祀于堂，寿考作人。开乡会试者，各二十有二科。髦俊蔚兴，相继辈出。增江浙入学名数，广直省乡试解额；文思光被，苗瑶之秀，隶籍黉宫，岛上君长，遣子弟就业辟雍。穷山越海，靡然向风。右文籍古，命儒臣纂修周易折中。图象卦爻之蕴，亲加论定。又修书诗、春秋传说汇纂、性理精义、朱子大全，经籍之道，焕然大明。又亲授词臣，考订律历，历得合天，律谐真度，诚万世不易之法。按北极之高，测地理南北东西差，得皇舆全图。其他编辑卷帙繁富，充于内府。听政之暇，喜操翰墨，文成典诰，诗为雅颂书迹。神运天矩，为百代楷模。阘五钧之弓，射大镞之矢，发则必中，中必洞贯。文事武备并臻其极，所谓天纵之圣，又多能也。致敬前代，礼逾常典，自夏商以迄元明帝王，膺历服者，咸入庙而享祀焉。前后南巡，亲祭明孝陵者三，又欲封其后裔，俾承世祀。予小子祗奉遗言，锡之侯爵，公卿大臣，戎行将帅，多服官至四五十年。皇考眷待耆旧，恩礼优渥，凡朝会燕享，庞眉皓首，济济盈庭，三代而下，诚为盛典。皇考自幼龄奉孝庄文皇后慈训，凡饮食起居、视听言动，皆有矩度，盛德自然。周旋中礼，端宸莅政。天颜肃穆，虽宫庭闲燕，一言一笑，不以假人。太和元气，充于四体；冬不炉而自温，夏不扇而手足未尝濡汗。正衣冠，尊瞻视，终日俨乎若思，逮于髦龄。圣敬日跻，享尚俭素，衣不辞浣濯，食不取珍异。宫掖人数至少，光禄寺一岁所费，较之前代仅十之一。服御器用，历久不易，未尝以故敝弃遗。巡幸所至，不烦民间一物；宫室舟舫，纯用朴斫，无丹青之饰。秉德谦冲，自平定三逆，肃清逆漠，凯旋告功，及五旬、六旬万寿节，五十、六十年宝历，国家大庆，诸王公文武臣僚太学生徒、京兆耆老，屡请恭上尊号，云集阙下，备陈丹悃；皇考频下谕旨，让而弗居。於戏，惟我皇考躬备圣德，久道化成，风教翔洽，锡福蒸人，胥跻于仁寿，乃至鸟兽草木咸若。守成之业，恢于创造。拓开疆宇，广袤各数万里。在昔未宾之国，重译踵至，戴天履地，含生负气之伦，莫不尊亲。自有生民，盖莫盛于斯日者。然且兢兢业业，缉熙单心敬上。天之明威，察下民之视听，焦劳万务，未尝以天位为乐。忧勤惕厉，以迄于终身，是所以接尧舜禹汤、文武孔子之心传，优入圣域而仁覆天下也。康熙六十一年十一月甲午崩，圣寿六十有九。雍正元年九月丁丑葬景陵。谨拜手稽首而作颂曰：

惟我皇清，上天眷命。二仪凝祉，三朝笃庆。皇考绍烈，建中表正。亶聪亶明，乃神乃圣。翼翼昭事，仰格高穹。化将道赞，祭以诚通。虔承九庙，孺慕两宫。大孝备矣，至德光融。爰在冲年，夙成睿智。致泰之基，征乎言志。日就月将，古训是嗜。理数兼该，穷源抽秘。万几在御，八表君临。克勤于政，无逸为箴。求衣忘食，日昃宵深。虑周禹迹，事廑尧心。广听并观，树旌建鼓。无情不达，有善必取。四门攸辟，百司式叙。文采珪璋，武罗貔虎。苞有三蘖，怙势悖恩。默运神机，载奠乾坤。

旆麾烽熄，弩指鲸奔。提封式廓，截海为藩。元裔速辜，不修厥职。禁旅一临，凶渠伏踅。罗刹扰边，边师讨贼。拔城纵俘，感恩怀德。维彼枭雄，构难比邻。比邻内附，稽首称臣。敢抗明诏，怙恶不悛。天子三征，扫荡边尘。蠢兹遗孽，构氛西徼。自持荒遐，狂跳纵暴。堂堂天兵，何幽不到。底定三危，恩同再造。瑶池之水，昆仑之岗。穷域绝漠，越海逾洋。书传所记，咸我版章。敷天率土，无不来王。眷念河淮，频乘四载。既安二渎，亦通百派。一授成功，万世永赖。胥乐同忧，仁膏遍沛。周诗时迈，虞典岁巡。省方询俗，辇路生春。蠲租赐复，岁有恩伦。惠心溥渥，益道平均。旸雨偶愆，恩泽已布。溯漠朝鲜，同沾膏露。象魏既悬，鸡竿屡树。贯索其空，桁杨可厝。德为善政，道在遗径。纡御东鲁，亲奠两楹。礼明乐备，桧柏增荣。光华复旦，天下文明。覃心四府，研精儒术。典籍大兴，英髦踵出。爰在玑衡，协时正日。玉振金声，审音调律。海涵地负，大哉王言。鸾骞凤翥，焕乎宸翰。文经武纬，异用同源。道高能博，艺备德尊。历代帝王，祀典弥厚。备列几筵，光延笾豆。修敬前朝，亲临钟阜。三恪垂封，烝尝有后。功勋耆旧，恩礼优容。庞眉皓首，济济雍雍。执谦克让，川受谷冲。穆穆其敬，安安其恭。六幕启宇，八垓肇域。维我皇考，忧劳靡极。三灵集祜，五纪膺历。维我皇考，克勤不息。贻我臣庶，食德难忘。贻我子孙，卜世无疆。昌瑞之山，峰峙川长。功德穹碑，天日同光。

雍正五年闰三月二十一日孝子嗣皇帝胤禛敬述

附录4

康熙帝后妃表

顺序	位号、封号、谥号	姓氏	民族	生父	谥号全称	入宫日期	最高封号或最后册封日期	出生及死亡日期	享年	生育子女	葬地	入葬日期
1	孝诚仁皇后	赫舍里氏	满洲正黄旗	噶布喇	孝诚恭肃正惠安和淑懿恪敏俪天襄圣仁皇后	康熙四年（1665）九月	康熙四年（1665）九月初八日大婚立为皇后。康熙十三年（1674）六月二十七日谥为仁孝皇后	顺治十年（1653）十二月十七日生。康熙十三年（1674）五月初三日申刻死	22	2子	清东陵景陵	康熙二十年（1681）三月初八日
2	孝昭仁皇后	钮祜禄氏	满洲镶黄旗	遏必隆	孝昭静淑明惠正和安裕端穆钦天顺圣仁皇后		康熙十六年（1677）八月二十二日立为皇后。康熙十七年（1678）闰三月二十一日谥为孝昭皇后	康熙十七年（1678）二月二十六日死		无	清东陵景陵	康熙二十年（1681）三月初八日
3	孝懿仁皇后	佟佳氏	满洲镶黄旗	佟国维	孝懿温诚端仁宪穆和恪慈惠奉天佐圣仁皇后	康熙十六年（1677）八月册为贵妃	康熙二十八年（1689）七月初八日，诏立为皇后。初九日册玄。九月二十二日谥为孝懿皇后	康熙二十八年（1689）七月初十日死		1女	清东陵景陵	康熙二十八年（1689）十月二十日

顺序	位号、封号、谥号	姓氏	民族	生父	谥号全称	入宫日期	最高封号或最后册封日期	出生及死亡日期	享年	生育子女	葬地	入葬日期
4	孝恭仁皇后	乌雅氏	满洲正黄旗	威武	孝恭宣惠温肃定裕慈纯钦穆赞天承圣仁皇后		康熙二十年（1681）十二月二十日晋德妃。康熙六十一年（1722）十一月，雍正帝即位，尊为皇太后。雍正元年（1723）八月十二日谥为孝恭宣惠温肃定裕赞天承圣仁皇后	顺治十七年（1660）三月十九日生。雍正元年（1723）五月二十三日死	64	3子3女	清东陵景陵	雍正元年（1723）九月初一日
5	悫惠皇贵妃	佟佳氏	满洲镶黄旗	佟国维	悫惠皇贵妃		康熙三十九年（1700）十二月册为贵妃。雍正二年（1724）六月初十日晋封皇贵妃。乾隆八年（1743）五月谥悫惠皇贵妃	康熙七年（1668）八月生。乾隆八年（1743）四月初一日死	76	无	清东陵景陵皇贵妃园寝	乾隆八年（1743）十二月十一日
6	惇怡皇贵妃	瓜尔佳氏	满	裕满	惇怡皇贵妃		康熙五十七年（1718）十二月晋和妃。雍正二年（1724）六月，晋尊为皇考贵妃。乾隆八年（1743）十一月二十七日晋尊为温惠皇贵太妃。乾隆三十三年（1768）五月十七日谥敦怡皇贵妃	康熙二十二年（1683）十月十六日生。乾隆三十三年（1768）三月十四日死	86	1女	清东陵景陵皇贵妃园寝	乾隆三十三年（1768）十月十二日

顺序	位号、封号、谥号	姓氏	民族	生父	谥号全称	入宫日期	最高封号或最后册封日期	出生及死亡日期	享年	生育子女	葬地	入葬日期
7	敬敏皇贵妃	章佳氏	满洲镶黄旗	海宽			雍正元年（1723）六月二十五日，追晋为皇考敬敏皇贵妃	康熙三十八年（1699）七月二十五日死		1子2女	清东陵景陵	雍正元年（1723）九月初一日
8	温僖贵妃	钮祜禄氏	满洲镶黄旗	遏必隆			康熙三十三年（1694）十一月初三日，追晋为温僖贵妃	康熙三十三年（1694）十一月初三日死		1子1女	清东陵景陵妃园寝	康熙三十四年（1695）九月初八日
9	顺懿密妃	王氏	汉	王国正		约康熙二十年（1681）	康熙五十七年（1718）十二月册为密嫔。雍正二年（1724）六月，晋尊为皇考密妃。乾隆元年（1736）十一月初三日，晋尊为皇祖顺懿密太妃	乾隆九年（1744）四月十八日死	70余	3子	清东陵景陵妃园寝	乾隆十年（1745）十月十六日
10	纯裕勤妃	陈氏	满洲镶黄旗	陈希闵			康熙五十七年（1718）十二月册为勤嫔。雍正四年（1726）二月晋尊为皇考勤妃。乾隆元年（1736）十一月初三日，晋尊为皇祖纯勤太妃	乾隆十八年（1753）十二月二十日死		1子	清东陵景陵妃园寝	乾隆十九年（1754）四月二十日
11	惠妃	纳喇氏	满洲正黄旗	索尔和			康熙二十年（1681）十二月二十日晋惠妃	雍正十年（1732）四月初七日死		2子	清东陵景陵妃园寝	雍正十年（1732）九月初七日

顺序	位号、封号、谥号	姓氏	民族	生父	谥号全称	入宫日期	最高封号或最后册封日期	出生及死亡日期	享年	生育子女	葬地	入葬日期
12	宜妃	郭洛罗氏	满洲镶黄旗	三官保				康熙二十年（1681）十二月二十日册封宜妃	雍正十一年（1733）八月二十五日死		3子	清东陵景陵妃园寝	乾隆二年（1737）九月二十五日
13	荣妃	马佳氏	满	盖山				康熙二十年（1681）十二月二十日晋封荣妃	雍正五年（1727）闰三月初六日死		5子1女	清东陵景陵妃园寝	雍正五年（1727）十二月初四日
14	宣妃	博尔济锦氏	蒙古科尔沁部	和塔				康熙五十七年（1718）十二月二十八日册为宣妃	乾隆元年（1736）八月初八日死		无	清东陵景陵妃园寝	乾隆二年（1737）九月二十一日
15	成妃	戴佳氏	满洲镶黄旗	卓奇				康熙五十七年（1718）十二月二十八日册为成妃	乾隆五年（1740）十月三十日死		1子	清东陵景陵妃园寝	乾隆六年（1741）三月二十四日
16	良妃 卫氏		满洲正黄旗包衣	阿布鼐				康熙三十九年（1700）十二月册为良嫔，后晋为良妃	康熙五十年（1711）十一月二十日死		1子	清东陵景陵妃园寝	康熙五十二年（1713）二月十七日
17	定妃	万琉哈氏	满洲正黄旗	拖尔弼				康熙五十七年（1718）十二月二十八日册为定嫔。雍正二年（1724）六月初十日，晋尊为皇考定妃	顺治十八年（1661）正月初三日生，乾隆二十二年（1757）四月初七日死	97	1子	清东陵景陵妃园寝	乾隆二十二年（1757）十月二十五日
18	平妃	赫舍里氏	满洲正黄旗	噶布喇				康熙三十五年（1696）六月二十七日，追封为平妃	康熙三十五年（1696）六月二十日死		1子	清东陵景陵妃园寝	

顺序	位号、封号、谥号	姓氏	民族	生父	谥号全称	入宫日期	最高封号或最后册封日期	出生及死亡日期	享年	生育子女	葬地	入葬日期
19	慧妃	博尔济锦氏	蒙古科尔沁部	阿郁锡			康熙九年（1670）五月初八日追封	康熙九年（1670）四月十二日死			清东陵景陵妃园寝	康熙十年（1671）二月初九日
20	安嫔	李氏		刚阿岱			康熙十六年（1677）八月二十二日，册为安嫔					
21	敬嫔	章佳氏		华善			康熙十六年（1677）八月二十二日册为敬嫔					
22	端嫔	董氏		董达齐			康熙十六年（1677）八月二十二日册为端嫔			1女	清东陵景陵妃园寝	康熙五十九年（1720）九月初九日
23	僖嫔	赫舍里氏	满	赉山			康熙十六年（1677）八月二十二日册为僖嫔	康熙四十一年（1702）九月十一日死			清东陵景陵妃园寝	康熙四十四年（1705）二月初九日
24	通嫔	纳喇氏		常素代			雍正二年（1724）六月初十日晋尊为皇考通嫔	乾隆九年（1744）六月二十三日死		2子1女	清东陵景陵妃园寝	乾隆十年（1745）十月十六日
25	襄嫔	高氏		高廷秀			康熙六十一年（1722）十二月，尊为皇考贵人。乾隆元年（1736）十二月初八日，晋尊为皇祖襄嫔	乾隆十一年（1746）六月二十八日死		2子1女	清东陵景陵妃园寝	乾隆十一年（1746）七月十六日

顺序	位号、封号、谥号	姓氏	民族	生父	谥号全称	入宫日期	最高封号或最后册封日期	出生及死亡日期	享年	生育子女	葬地	入葬日期
26	谨嫔	色赫图氏		多尔济				康熙六十一年（1722）十二月，晋尊为皇考贵人。乾隆元年（1736）十二月初八日，晋尊为皇祖谨嫔	康熙二十一年（1682）六月二十九日生。乾隆四年（1739）三月十六日死	58	1子	清东陵景陵妃园寝	乾隆四年（1739）九月二十六日
27	静嫔	石氏		石怀玉				康熙六十一年（1722）十二月，晋尊为皇考贵人。乾隆元年（1736）十二月初八日，晋尊为皇祖静嫔	康熙二十八年（1689）十一月初二日生。乾隆二十三年（1758）六月初六日死	70	1子	清东陵景陵妃园寝	乾隆二十四年（1759）三月二十二日
28	熙嫔	陈氏		陈玉卿				康熙六十一年（1722）十二月，晋尊为皇考贵人。乾隆元年（1736）十二月初八日，晋尊为皇祖熙嫔	乾隆二年（1737）正月初二日死		1子	清东陵景陵妃园寝	乾隆二年（1737）四月十二日
29	穆嫔	陈氏		陈岐山				康熙六十一年（1722）十二月，晋尊为皇考贵人。乾隆元年（1736）十二月初八日，追尊为皇祖穆嫔	雍正中卒		1子	清东陵景陵妃园寝	雍正五年（1727）十二月初四日
30	布贵人	兆佳氏	满	塞克塞赫					康熙五十六年（1717）正月十一日死		1女	清东陵景陵妃园寝	康熙五十八年（1719）十二月十七日

续表

顺序	位号、封号、谥号	姓氏	民族	生父	谥号全称	入宫日期	最高封号或最后册封日期	出生及死亡日期	享年	生育子女	葬地	入葬日期
31	伊贵人	郭罗洛氏	满洲镶黄旗	三官保						1子1女	清东陵景陵妃园寝	雍正七年（1729）八月二十五日
32	袁贵人	袁氏						康熙五十八年（1719）八月十二日死		1女	清东陵景陵妃园寝	康熙五十八年（1719）九月初九日
33	新贵人							康熙五十五年（1716）八月初五日死			清东陵景陵妃园寝	康熙五十八年（1719）十二月初九日
34	蓝贵人							乾隆二年（1737）五月二十六日死			清东陵景陵妃园寝	乾隆三年（1738）闰九月二十七日
35	马贵人										清东陵景陵妃园寝	康熙五十七年（1718）八月十八日
36	文贵人										清东陵景陵妃园寝	乾隆二年（1737）九月二十一日
37	尹贵人										清东陵景陵妃园寝	乾隆四年（1739）九月二十六日
38	常贵人										清东陵景陵妃园寝	乾隆十九年（1754）四月二十一日
39	勒贵人										清东陵景陵妃园寝	乾隆二十二年（1757）十月二十五日

顺序	位号、封号、谥号	姓氏	民族	生父	谥号全称	入宫日期	最高封号或最后册封日期	出生及死亡日期	享年	生育子女	葬地	入葬日期
40	瑞常在										清东陵景陵妃园寝	雍正二年（1724）六月十七日
41	尹常在										清东陵景陵妃园寝	雍正三年（1725）三月十一日
42	禄常在										清东陵景陵妃园寝	雍正三年（1725）三月十一日
43	徐常在							康熙四十一年（1702）十月十四日死			清东陵景陵妃园寝	雍正三年（1725）三月十一日
44	石常在										清东陵景陵妃园寝	雍正三年（1725）三月十一日
45	寿常在										清东陵景陵妃园寝	雍正三年（1725）三月十一日
46	色常在										清东陵景陵妃园寝	雍正三年（1725）三月十一日
47	常常在										清东陵景陵妃园寝	雍正十一年(1733)九月初七日
48	妙答应										清东陵景陵妃园寝	雍正十一年(1733)九月初七日
49	秀答应										清东陵景陵妃园寝	雍正十三年(1735)九月初六日

顺序	位号、封号、谥号	姓氏	民族	生父	谥号全称	入宫日期	最高封号或最后册封日期	出生及死亡日期	享年	生育子女	葬地	入葬日期
50	庆答应										清东陵景陵妃园寝	乾隆六年（1741）三月二十四日
51	灵答应										清东陵景陵妃园寝	乾隆十一年(1746)十月十六日
52	春答应										清东陵景陵妃园寝	乾隆十九年(1754)三月十二
53	晓答应										清东陵景陵妃园寝	乾隆三十三年（1768）十月十二日
54	治答应										清东陵景陵妃园寝	乾隆十九年(1754)四月二十九日
55	牛答应										清东陵景陵妃园寝	雍正十三年(1735)九月初六日
56	双答应										清东陵景陵妃园寝	雍正七年（1729）四月二十七日
57	贵答应										清东陵景陵妃园寝	雍正二年（1724）四月十九日
58	贵人	纳喇氏		那丹珠								
59	贵人	陈氏		陈秀						1子		

233

顺序	位号、封号、谥号	姓氏	民族	生父	谥号全称	入宫日期	最高封号或最后册封日期	出生及死亡日期	享年	生育子女	葬地	入葬日期
60	贵人	纳喇氏		昭格								
61	贵人	易氏						雍正六年（1728）卒				
62	庶妃	钮祜禄氏		晋宝						1女		
63	庶妃	张氏								2女		
64	庶妃	王氏								1女		
65	庶妃	刘氏								1女		

制表：徐　鑫

　　备注：此表是根据《清皇室四谱》《陵寝易知》和《昌瑞山万年统志》制作，由于贵人以下位号的人的资料严重欠缺，表中所标注的康熙帝妃嫔数量与葬在景陵、景陵皇贵妃园寝和景陵妃园寝的妃嫔不符，而且这些妃嫔生育的子女，也与康熙帝的实际子女不符。表中凡是没有标注所葬地点的人，有可能是表中的贵人、答应和常在，或者也有可能另有其人，却没有葬在景陵妃园寝，另有他处葬地；表中凡是标注有生育子女者，却没有标注葬地的人，均有可能是表中的常在或者答应，或者有可能是另有其人却没有葬入清东陵的景陵妃园寝。由于此表主要根据是《清皇室四谱》，故此，有可能表中低级位号妃嫔有个别重复之人，也不排除没有记载的康熙帝妃嫔。

附录5

康熙帝皇子表

出生顺序	排行顺序	名字	出生日期	生母	最后封号	死亡日期	享年	谥号	子女	葬地	备考
1		承瑞	康熙六年（1667）九月二十日寅时	庶妃马佳氏即荣妃		康熙九年（1670）五月二十四日午时	4				
2		承祜	康熙八年（1669）十二月十三日寅时	孝诚仁皇后		康熙十一年（1672）二月初五日巳时	4				
3		承庆	康熙九年（1670）闰二月初一日未时	庶妃那拉氏即惠妃		康熙十年（1671）四月十八日丑时	2				
4		赛音察浑	康熙十年（1671）十二月二十五日亥时	庶妃马佳氏即荣妃		康熙十三年（1674）正月二十九日酉时	4				
5	皇长子	允禔（保清）	康熙十一年（1672）二月十四日午时	庶妃那拉氏即惠妃	原封直郡王	雍正十二年（1734）十一月初一日卯时	63		子15女14	清东陵黄花山下	以贝子礼葬夫人1、继夫人1、妾9
6		长华	康熙十三年（1674）四月初六日巳时	庶妃马佳氏即荣妃		旋殇	1				
7	皇二子	允礽（废皇太子）	康熙十三年（1674）五月初三日巳时	孝诚仁皇后	理亲王	雍正二年（1724）十二月十四日戌时	51	密	子12女14	清东陵黄花山下	以亲王礼葬福晋1、侧福晋8、妾3

出生顺序	排行顺序	名字	出生日期	生母	最后封号	死亡日期	享年	谥号	子女	葬地	备考
8		长生	康熙十四年（1675）六月二十一日丑时	庶妃马佳氏即荣妃		康熙十六年（1677）三月二十六日子时	3				
9		万黼	康熙十四年（1675）十月初八日时	贵人那拉氏即通嫔		康熙十八年（1679）二月三十日巳时	5				
10	皇三子	允祉	康熙十六年（1677）二月二十日午时	庶妃马佳氏即荣妃	诚亲王	雍正十年（1732）闰五月十九日丑时	56	隐	子12女6	清东陵黄花山下	
11	皇四子	胤禛	康熙十七年（1678）十月三十日寅时	孝恭仁皇后	雍正帝	雍正十三年八月二十三日子时	58	宪	子10女4	河北省易县清西陵之泰陵	
12		允禶	康熙十八年（1679）二月三十日时	贵人那拉氏即通嫔		康熙十九年（1680）四月初二日亥时	2				
13	皇五子	允祺	康熙十八年（1679）十二月初四日申时	宜嫔郭罗洛氏即宜妃	恒亲王	雍正十年（1732）闰五月十九日丑时	54	温	子7女6	天津蓟县穿芳峪	嫡福晋1、侧福晋2、庶福晋4
14	皇六子	允祚	康熙十九年（1680）二月初五日巳时	德嫔即孝恭仁皇后		康熙二十四年（1685）五月十四日午时	6				
15	皇七子	允祐	康熙十九年（1680）七月二十五日子时	庶妃戴佳氏即成妃	淳亲王	雍正八年（1730）四月初二日辰时	51	度	子7女10	河北省易县神庄北福地村南	嫡福晋1、侧福晋2、庶福晋4
16	皇八子	允禩	康熙二十年（1681）二月十日未	庶妃卫氏即良妃	廉亲王	雍正四年（1736）九月初五日	46		子1		福晋1、妾2
17		允禑	康熙二十二年（1683）七月二十三日子时	伊贵人郭罗洛氏		康熙二十三年（1684）六月初六日申时	2				

续表

出生顺序	排行顺序	名字	出生日期	生母	最后封号	死亡日期	享年	谥号	子女	葬地	备考
18	皇九子	允禟	康熙二十二年（1683）八月二十七日子时	宜嫔郭罗洛氏即宜妃	贝子	雍正四年（1726）八月二十七日巳时	44				《实录》为二十四日卒
19	皇十子	允䄉	康熙二十二年（1683）十月十一日亥时	温僖贵妃	敦郡王	乾隆六年（1741）九月初九日子时	59		子6女3		以贝子礼葬夫人1、继夫人1、妾2
20	皇十一子	允禌	康熙二十四年（1685）五月初七日戌时	宜妃		康熙三十五年（1696）七月二十五日申时	12				
21	皇十二子	允祹	康熙二十四年（1685）十二月初四日寅时	庶妃万琉哈氏即定妃	履亲王	乾隆二十八年（1763）七月二十四日未时	79	懿	子6女6		嫡福晋1、侧福晋2、庶福晋4、妾2
22	皇十三子	胤祥	康熙二十五年（1686）十月初一日辰时	庶妃章佳氏即敬敏皇贵妃	怡亲王	雍正八年（1730）五月初四日午时	45	贤	子9女4	河北省涞水县水东村	嫡福晋1、侧福晋3、庶福晋2
23	皇十四子	允禵	康熙二十七年（1688）正月初九日酉时	德妃即孝恭仁皇后	恂郡王	乾隆二十年（1755）正月初六日酉时	68	勤	子4女7	清东陵黄花山下	嫡福晋2、侧福晋7、庶福晋1、妾1
24		允禨	康熙三十年（1691）正月二十六日辰时	庶妃赫舍里氏平妃		康熙三十年（1691）三月初一日辰时	1				
25	皇十五子	允禑	康熙三十二年（1693）十一月廿八日子时	庶妃王氏即顺懿密妃	愉郡王	雍正九年（1731）二月初一日巳时	39	恪	子5女5	河北省遵化市西留村乡北峪	嫡福晋1、侧福晋1、庶福晋1
26	皇十六子	允禄	康熙三十四年（1695）六月十八日卯时	庶妃王氏即顺懿密妃	庄亲王	乾隆三十二年（1767）二月二十一日午时	73	恪	子10女9		

237

出生顺序	排行顺序	名字	出生日期	生母	最后封号	死亡日期	享年	谥号	子女	葬地	备考
27	皇十七子	允礼	康熙三十六年（1697）三月初二日寅时	庶妃陈氏即纯裕勤妃	礼亲王	乾隆三年（1738）二月初二日丑时	42	毅	子1女1皆早殇	河北省易县梁各庄镇上岳各庄村	
28	皇十八子	允祄	康熙四十年（1701）八月初八日卯时	庶妃王氏即顺懿密妃		康熙四十七年（1708）九月初四日巳时	8			河北遵化市清东陵景陵妃园寝内	
29	皇十九子	允禝	康熙四十一年（1702）九月初五日丑时	庶妃高氏即襄嫔		康熙四十三年（1704）二月二十三日辰时	3				
30	皇二十子	允祎	康熙四十五年（1706）七月二十五日午时	庶妃高氏即襄嫔	贝勒	乾隆二十年（1755）正月初九日巳时	50	简靖	子2女		
31	皇二十一子	允禧	康熙五十年（1711）正月十一日戌时生	庶妃陈氏即熙嫔	慎郡王	乾隆二十三年（1758）五月二十一日亥时	48	靖	子1		
32	皇二十二子	允祜	康熙五十年（1711）十二月初三日酉时	庶妃色赫图氏谨嫔	贝勒	乾隆八年（1743）十二月二十九日子时	33	恭勤	子5女		
33		允禐	康熙五十二年（1713）二月	贵人陈氏		康熙五十二年（1713）二月	1				
34	皇二十三子	允祁	康熙五十二年（1713）十一月二十八日卯时	庶妃石氏即静嫔	郡王衔贝勒	乾隆五十年（1785）七月二十七日未时	73	诚	子7女		
35	皇二十四子	允祕	康熙五十五年（1716）五月十六日巳时	庶妃陈氏即穆嫔	诚亲王	乾隆三十八年（1773）十月二十日卯时	58	恪	子4女		

制表：徐　鑫

附录6

康熙帝皇女表

出生顺序	排行顺序	生母	出生日期	最后封号	册封日期	出嫁年龄	出嫁日期	额驸姓名	死亡日期	享年	备考
1	1	庶妃张氏	康熙七年（1668）十一月二十六日亥时						康熙十年（1671）十一月	4	早殇
2	2	庶妃董氏即端嫔	康熙十年（1671）三月初九日子时						康熙十二年（1673）二月	3	早殇
3	3（也有称二公主的）	庶妃马佳氏即荣妃	康熙十二年（1673）五月初六日寅时	固伦荣宪公主	康熙三十年（1691）六月初八日封和硕荣宪公主	19	康熙三十年（1691）六月	乌尔滚	雍正六年（1728）四月二十一日	56	康熙四十八年（1709）三月十六日封今位号
4	4	庶妃张氏	康熙十三年（1674）二月初十日酉时						康熙十七年（1678）十二月	5	早殇
5	5（也有称三公主的）	贵人兆佳氏	康熙十三年（1674）五月初六日巳时	和硕端静公主	康熙三十一年（1692）十月	19	康熙三十一年（1692）十月	噶尔臧	康熙四十九年（1710）三月	37	
6	6	伊贵人郭罗洛氏	康熙十八年（1679）五月二十七日寅时	固伦恪靖公主	康熙三十六年（1697）十一月初十日封恪靖公主	19	康熙三十六年（1697）十一月	多罗郡王多布多尔济	雍正十三年（1735）三月	57	康熙四十五年（1706）封和硕恪靖公主

出生顺序	排行顺序	生母	出生日期	最后封号	册封日期	出嫁年龄	出嫁日期	额驸姓名	死亡日期	享年	备考
7	7	德妃乌雅氏即孝恭仁皇后	康熙二十一年（1682）六月初一日卯时						康熙二十一年（1682）八月	1	早殇
8	8	皇贵妃佟佳氏即孝懿皇后	康熙二十二年（1683）六月十九日巳时						康熙二十二年（1683）闰六月十四日戌时		早殇
9	9	德妃乌雅氏即孝恭仁皇后	康熙二十二年（1683）九月二十二日寅时	晋赠固伦温宪公主	康熙三十九年（1700）九月	18	康熙三十九年（1700）九月	舜安颜	康熙四十一年（1702）七月	20	雍正元年（1723）三月十一日追赠今位号
10	10	庶妃那拉氏即通嫔	康熙二十四年（1685）二月十六日午时	晋赠固伦纯悫公主	康熙四十五年（1706）五月	22	康熙四十五年（1706）年五月	台吉策凌《实录》称策楞	康熙四十九年（1710）年三月二十四日	26	康熙四十五年（1706）十二月初七日封和硕纯悫公主
11	11	温僖贵妃	康熙二十四年（1685）九月二十七日申时						康熙二十五年（1686）五月	2	早殇
12	12	德妃乌雅氏即孝恭仁皇后	康熙二十五年（1686）闰四月二十四日午时						康熙三十六年（1697）闰三月	12	早殇

出生顺序	排行顺序	生母	出生日期	最后封号	册封日期	出嫁年龄	出嫁日期	额驸姓名	死亡日期	享年	备考
13	13	庶妃章佳氏即敬敏皇贵妃	康熙二十六年（1687）十一月二十七日丑时	和硕温恪公主	康熙四十五年（1706）七月初三日	20	康熙四十五年（1706）七月	翁牛特杜凌郡王仓津	康熙四十八年（1709）六月二十一日	23	因产双胞胎当日死
14	14	贵人袁氏	康熙二十八年（1689）十二月初七日亥时	和硕悫靖公主	康熙四十五年（1706）五月	18	康熙四十五年（1706）五月	散秩大臣一等男孙承运	乾隆元年（1736）十一月	48	
15	15	庶妃章佳氏即敬敏皇贵妃	康熙三十年（1691）正月初六日寅时	和硕敦恪公主	康熙四十七年（1708）十二月	18	康熙四十七年（1708）十二月	台吉多尔济	康熙四十八年（1709）十二月初三日申刻	19	归宁京师死
16	16	庶妃王氏	康三十四年（1695）十月廿一日丑时						康熙四十六年（1707）四月	13	早殇
17	17	庶妃刘氏	康熙三十七年（1698）十二月十二日丑时						康熙三十九年（1700）十一月	3	早殇
18	18	和妃瓜尔佳氏即惇怡皇贵妃	康熙四十年（1701）十月十八日巳时						生下早殇		早殇
19	19	庶妃高氏即襄嫔	康熙四十二年（1703）二月十四日巳时						康熙四十四年（1705）二月	3	早殇
20	20	庶妃钮祜禄氏	康熙四十七年（1708）十一月初九日						康熙四十七年（1708）十二月	1	早殇

出生顺序	排行顺序	生母	出生日期	最后封号	册封日期	出嫁年龄	出嫁日期	额驸姓名	死亡日期	享年	备考
抚女	长女	恭亲王常宁的庶福晋晋氏生	康熙十年（1671）十一月二十八日丑时	固伦纯禧公主	康熙二十九年（1690）三月二十二日封和硕纯禧公主	20	康熙二十九年（1690）三月	台吉班第	乾隆六年（1741）十二月初七日	71	恭亲王常宁第一女

制表：徐　鑫

参考书目

1.《清实录》，北京：中华书局，1985 年 11 月。

2.《康熙朝满文朱批奏折全译》，中国第一历史档案馆编，北京：中国社会科学出版社，1996 年 7 月。

3.《清皇室四谱》，唐邦治编，上海，癸亥年冬十月上海聚珍仿宋印书局排印。

4.《清宫述闻·初续编合编本》，章乃炜编纂，北京：紫禁城出版社，1990 年 5 月。

5.《汤若望传》，魏特著，上海：商务印书馆，1949 年。

6.《雍正朝汉文谕旨汇编》（第一册），中国第一历史档案馆编，桂林：广西师范大学出版社，1999 年 3 月。

7.《中国皇帝与洋人》，郭福祥、左远波著，北京：时事出版社，2002 年 2 月。

8.《康熙写真》，陈捷先著，台北：远流出版公司，2010 年 6 月。

9.《康熙大帝》，阎崇年著，北京：中华书局，2008 年 5 月。

10.《悬念康熙陵》，徐鑫著，济南：齐鲁书社，2010 年 5 月。

11.《康熙皇帝一家》，杨珍著，北京：学苑出版社，1994 年 10 月。

12.《大清皇陵探奇》，徐广源著，沈阳：沈阳出版社，2012 年 5 月。

13《清代帝后的归宿》，于善浦著，北京：紫禁城出版社，2006 年 10 月。

清东陵珍藏的《陵寝易知》和《昌瑞山万年统志》，以及国家图书馆珍藏的《昌瑞山万年统志》。

后 记

2015 年 3 月 5 日夜 11 点 20 分，对我来说，这只不过又是一个不眠之夜，望着眼前的电脑屏幕，历经 10 个月后我的新稿终于完成了初稿，疲惫的心顿感一阵欣慰，点点泪光模糊了我的视线，汗水再次换来了成果。当然，其中的苦与乐，只有自己知道。

回味自己四十余年的人生，无论在生活、学习和工作，还是在记忆的碎片中，我作为又一代守陵人，对康熙大帝的景陵情有独钟，怀有深厚的感情。记得小的时候，我经常在景陵附近玩耍，那是童年的纯真笑容；下雨了还可以躲在雷电损毁的大碑楼下避雨，那是静静的纯真思考；放学时与同学骑着自行车行走在景陵的神路上，那是同学间的纯真情感。家乡古老的建筑、青翠的山川无时无刻都涤荡着我内心纯真的世界。在我的同学中，有很多就住在景陵妃园寝附近的村子，他们的家附近过去有景陵的内务府——东沟村及宝华峪陵寝内务府——南大村。参加工作后，作为清东陵的警卫人员看守过景陵和景陵妃园寝，那是我作为守陵人应该担当的责任。

早在 2009 年，我就写过一本介绍康熙帝景陵的书稿——《悬念康熙陵》，并于 2010 年顺利出版，该书的出版在社会上引起了读者的广泛兴趣和好评，我却对那个书稿一直不满意。究其原因，主要还是因为自己知识积累不足，研究深度不够，一些深层次的课题没有考虑到，更没有提出来，原始档案的使用量也小。这些都与读者的更高要求相违背。为了勉励自己研究层次达到新的高度，也为了广大清陵爱好者对康熙陵有更多的探索和了解，我有了重写康熙陵书稿的念头，由于一些内在和外在原因，几年来这个想法一直挂在心里，直到2014年7月份，我才按照新思路、新框架把重写康熙陵的想法付之于实际行动。

翻看过去的书稿，在几年来积累的一些新的经验基础之上，融入了我更多的思考，在新书稿写作过程中我格外注重收集相关的档案和史料，但付诸实践行动的工作量超乎想象。由于景陵建造时间比较早，关于当时建陵和墓主人丧葬礼仪的谕旨和档案等存世的少之又少，除了我写的那本专门研究景陵的书籍之外，其他可供参考的文章，则是凤毛麟角。当年我写《悬念康熙陵》稿子的时候，也曾遇到过这些难题，由于当时我采取了绕开和回避的办法，并没有去触碰这些内容。而现在，虽然考察上的有些问题已经得到了一些解决，查阅档案上也有了一些新的发现，然而有些实质性的问题，还是无法得到解决，并且有些问题即使能得到初步解决，也是只言片语的史料记载，要想作为书稿的某一章节的内容，就会感到缺少其他史料的补充和完善，真是令我感到了史料的稀少和珍贵。如康熙帝景陵的风水说帖、勘选人员名单、兴建和完工时间等；另外，一些史料上记载的彼此矛盾，如墓主人称呼上的不一样，清宫档案记载称康熙帝有的贵人为"卜贵人""忻贵人""路常在"，可守陵人工作手册上则记载为"布贵人""新贵人""禄常在"；不同的史料，其记载上也有出入，到底是"袁常在"还是"袁贵人"，是"妙常在"还是"妙答应"等；还有，一些墓主人不仅没有找到档案的生前介绍记载，而且就是一些入葬时间记载也是或缺少或差错，甚至还有一些低级妃嫔根本不清楚姓名和封号，更不清楚死后葬在了哪里。就算是葬入景陵地宫的比较主要的人物——敬敏皇贵妃，生前的介绍与死后的入葬和改葬，现有发现档案和可用之处对于写新稿子而言，也只是蜻蜓点水微不足道。因此，对于这些内容的书写，也只好先采取分析方法和推测技巧来完成。

人活一世，草木一秋。生活是工作的积累，作为守陵人的后代，我注定今生会在研究帝王陵寝的道路上奋斗不止。因此深知，遇到问题和困难不能回避，也不要回避，即使一时解决不了，也要将其列举出来，或者对其进行分析和推断，这是我这次重写康熙陵的目的和方法，也是我将此稿子定名为"康熙帝陵历史之谜"的原因之一，定此书名还有原因之二，那就是为了说明这个稿子与之前那个书稿在写作手法和内容上是有很大区别的。

还有，我之所以费心费力这么做，其原因是，我认为只有发现问题才知道有研究的价值和可能，同时也能引起人们对古墓研究的关注和热情，将考古研究和文物保护得以传承和延续下去。这是我作为一名清史研究者对文保事业推进的延续，同时也是为了在陵寝研究中体现自我的人生价值。

人活着就要有一股精神，并且要留一份精神在这世上，尽管也许一时不被人认可，也要为此目标而努力。因此在我的心里，这个《康熙帝陵历史之谜》也已作为我的清陵历史之谜系列中的一本，融入了我的血液和生命里。

多年来，常常在生活中遇到诸多困难和不愉快，只有在忘我工作时，在充满汗水的写作中才能找到研究的乐趣。每当面对自己书稿的完成及出版，都是自己最开心的时刻，虽然这种快乐只有自己一个人能体会到，但我依旧坚持着拥有这份开心。即使心中的泪与脸上的笑，独自品味和观赏，但我在内心里告诉自己："自己是一个平凡的孤单的却不寂寞的高傲孤儿。"

本书的完成，不仅参考了很多前辈学者的研究著作和论述，还得到了很多值得敬仰与尊重的专家和学者的帮助与支持，在知识上，他们无私地提供了史料和图片上的帮助；在精神上，他们给予了莫大的鼓励和支持。在此，我真诚感谢北京的著名学者岳南先生、天津大学王其亨教授，以及挚友王志阁先生、李宏杰先生等，和来自全国各地的爱好者和读者朋友，谢谢你们！

由于我才疏学浅，书中那些不成熟的观点，以及文笔上的词不达意和谬误，还望史学前辈、专家学者及广大读者能提出中肯的批评和宝贵意见，让我们共同促进我国文保事业的健康、有序的发展。

思正书屋　一粒小尘土
2015 年 6 月